SISTEMAS DE INFORMACIÓN EN LA

INDUSTRIA DE CONSUMO

El valor de la información para los negocios

Enrique Arias

TABLA DE CONTENIDOS

UN ENFOQUE ORIENTADO AL CLIENTE

Este trabajo está dirigido a todo el que se hace la pregunta de cuáles son las necesidades de información en un futuro próximo para la industria de consumo. Por ello, este libro está dirigido a los profesionales del segmento de la informática, a los estudiosos de marketing o de organización y gestión, que, sin duda, están interesados en estos temas, especialmente los capítulos sobre las arquitecturas globales y de soluciones en casos industriales y de venta al por menor.

El contenido se basa en la experiencia directa realizada en los dos casos de estudio que se presentan en los primeros capítulos. El problema, en ambos casos, fue reposicionar los activos de información de la compañía, en concreto, al apoyo a los procesos internos de conocimiento y evaluación del mercado/entorno en el que operan las empresas.

Uno de los problemas que afrontaron los autores en los casos citados fue el de una metodología de análisis que permitiera estar seguro de no dejar de lado ningún aspecto del problema, el resultado es la línea guía de este libro.

Desde el punto de vista expositivo se considera más inmediato partir del caso práctico, haciendo abstracción del método. Esta es la razón por la que comenzamos por los casos mencionados inicialmente para que puedan atraer al lector a afrontar la parte más formal con un espíritu aplicativo.

En general, después de la etapa de automatización pura de información básica de los procesos (sueldos y salarios, lo que representa), seguido de la etapa de estructuración orgánica de los procesos relacionados con la disponibilidad del producto (ERP, etc.), el siguiente paso será el análisis y apoyo de todo el ciclo de las necesidades del cliente. Esto significa afrontar procesos a muy bajo contenido sintáctico, que se presentan en muchos contextos de información no estructurada; esto mejorará el aspecto predictivo de los modelos de información de gestión, después de haber puesto de relieve el aspecto de soporte y apoyo operativo y de control.

Sin duda, en este escrito hay errores e ingenuidad metodológica, técnica y de contenido, toda ayuda es más que bienvenida con el fin de crear una base para mejorar, por un lado, el servicio al cliente y, por el otro, crear una ventaja competitiva para las empresas que trabajan en el sector.

UN CAMBIO DE ACTITUD EN LA INDUSTRIA

Un caso para repensar el mundo de los sistemas de información y de la industria

La compañía: Este caso se refiere a una empresa pequeña-mediana de fabricación de prendas de vestir perteneciente al mundo textil.

La facturación se divide por igual entre la producción de telas y de ropa íntima, con particular hincapié en la ropa de playa. Históricamente, la fabricación de tela era lo principal pero la diversificación a la ropa se realizó debido tanto al deseo de saturar las plantas en los momentos muertos y para prevenir la crisis en el sector debido a las producciones extranjeras.

Un caso bastante típico. La empresa nace de la idea empresarial de una única persona y bajo su liderazgo esta prospera. Los tiempos y los mercados cambian con lo que el modelo utilizado hasta ese momento tiene poco éxito.

A pesar de la percepción de peligro inminente, la empresa está luchando para redefinir una identidad dentro de los modelos de éxito destacando en parte el valor del propio capital humano y aspectos empresariales y de gestión operativa.

En el mercado los clientes se dividen en dos grandes categorías:

1.- Empresas que compran los tejidos y los utilizan para sus propios productos.

2.- Los minoristas que compran productos y los venden.

Se trata por lo tanto de muy diferentes tipos de clientes, que implican canales de ventas, técnicas y estrategias distintas.

Desde un punto de vista geográfico la compañía opera principalmente en Italia, con poca penetración extranjera. Desde un punto de vista comercial existe una diferencia radical:

- por un lado, un sector (textil) en el que el concepto de "marca" es desconocido y no es muy útil, ya que la producción se destina a un mercado técnico y no al consumidor;

- por otro lado, la empresa se enfrenta en un mercado donde el componente de la marca es un factor muy importante de cara a que el cliente final adquiera el producto.

El sistema de información (SI) existente, como sucede a menudo en las empresas, es el resultado de años de adaptación sin la cual no habría sido posible realizar el re-análisis de objetivos y del papel de la empresa.

Por lo general, y en parte debido al responsable de TI, el SI se ve como un área con un coste poco comprensible y poco justificado. Cuando hablamos de renovación se hace muy difícil entender la inversión para seguir teniendo las mismas cosas con las que ya se cuenta.

En este caso, históricamente la introducción de una nueva línea de negocio conlleva una nueva operativa y un método diferente; el hecho de que el tiempo disponible fuera reducido para la implantación de un nuevo sistema dio lugar a la ampliación del existente.

Con el tiempo esto dio lugar a dos sistemas completamente independientes que fueron llevando a un doble coste y mantenimiento de soporte, pero, peor aún, a dos culturas corporativas que habían dividido a la compañía en dos grupos y aun por encima antagonistas.

Técnicamente cualquier cambio debe ser validado dos veces y el tiempo perdido no es bueno para el correcto funcionamiento y evolución de los negocios. En esta situación, el contenido del SI no podía ser gestionado obligatoriamente (contabilidad, etc.) o designado según lo que era necesario en un momento concreto.

Al final había demasiados proyectos que bloqueaban el desarrollo de una visión general ya que no estaba claro que valorar en términos de objetivo estratégico.

Con las perspectivas económicas en este contexto y bajo la presión de la competencia internacional, la compañía se dirigía hacia un declive económico más o menos acentuado por factores temporales, como la crisis global o la siguiente mini recuperación. Ciertamente, el modelo de negocio requiere un reposicionamiento y el SI, tal y como está, se transforma en una cadena que impide el despegue.

La empresa necesitaba entender lo que era realmente importante y lo que no lo era y en ese momento el SI no era útil para las operaciones de la empresa al no reflejar en sus decisiones las señales procedentes del mundo exterior y sólo concentrarse en el avanzar diario.

El factor de ruptura de la situación fue el nombramiento de un nuevo administrador, consciente de la historia y de la situación de la empresa, que trató de analizar la situación de la misma de forma racional. Todos los segmentos, y en particular el sistema de información, se sometieron a análisis críticos con el fin de fusionarse y dar mayor flexibilidad a la empresa.

Momentos de ruptura como este colocan al administrador en una posición muy delicada: ¿innovador o cabeza de turco ante un despido? De hecho, sabemos que la habilidad en la alta dirección se encuentra en la capacidad de adaptación a las nuevas necesidades de la empresa y a las nuevas condiciones del mercado, pudiendo ser el cambio más o menos traumático.

En particular, la empresa se encuentra en una situación en la que el producto y el proceso organizativo están tan entrelazados que los cambios en la estructura son vistos como ofensa a la historia de la compañía y no es posible verlos como necesidad racional, los procesos de servicios son vistos como gastos necesarios y no como solución a la necesidad de comunicación interna, que se delega en el "maestro para todo".

Por supuesto, sabemos que esto impide la expansión y el crecimiento cultural de la empresa, con reflejo en la economía de escala y la incapacidad para afrontar nuevos contextos. Con la ayuda del consultor externo, el nuevo director ha afrontado la actualización del pensamiento del negocio y el papel del SI, poniéndose de manifiesto la cuestión de cuál es el enfoque a utilizar, en concreto se tiene en cuenta:

El enfoque de contenido: que se utiliza por lo general en el enfoque de los parámetros que son utilizados para el asunto.

- El contexto tecnológico existente y el del mercado: el sistema con el que la empresa cuenta, el ERP de referencia y otros. Se trata de evaluar el desempeño funcional y técnicas existentes y los paquetes en el mercado para hacer un análisis coste/beneficio del cambio. Como factor fundamental hay que tener en cuenta la relación entre el administrador TI y el resto de la empresa, así como el nivel del usuario medio.

- El entorno de consultoría
  o El contenido: sobre todo técnico, en el caso de contenido a mano se tiene en cuenta la evaluación de las mejores prácticas.
  o El jugador: las grandes empresas de consultoría, los medios, etc.

- El contenido del proyecto: típicamente se tiende a recordar el sistema actual porque el esfuerzo de traer nuevas capacidades del viejo sistema impide nuevos desarrollos.
- El tiempo: normalmente de uno a dos años
- El objetivo: contar con una plataforma tecnológica fiable y abierta a actualizaciones futuras.

EL ENFOQUE FUNCIONAL

En esta interpretación son expuestas desde el principio preguntas con el objetivo del servicio al cliente.

El cliente: ¿cómo es?

- conocido
- potencial

El servicio en términos de:

- Producto.
- Subjetividad.
- Sociabilidad.

El cliente conocido/potencial, respectivamente, que espera (definición de estándares) en términos de:

- Producto: fiabilidad, disponibilidad, alineación a la moda.
- Subjetividad: capacidad de respuesta, de tranquilidad, empatía, comunicación.

- Sociabilidad: pertenencia a grupos, distinción en el grupo.
- ¿Cómo definir y ajustar estas expectativas?
- ¿Cómo podemos encontrar la información?
- Esta situación ofrece un papel "maduro" del cliente que sabe lo que quiere, hipótesis que se confirmó.

El objetivo de este enfoque es para definir los parámetros cuantitativos de un modelo de negocio, con especial referencia al concepto de "cliente".

Este segundo enfoque es también popular por su valor de empuje a la gente, a la nueva realidad del mercado, que la empresa había perdido un poco de vista.

El primer paso concreto fue, por lo tanto, definir al menos cuales eran las necesidades reales de los clientes diferenciándolas de aquellas que históricamente habían existido y de aquellas que habían sido percibidas a través de los diversos intermediarios comerciales (agentes, vendedores). La idea era comparar las necesidades así identificadas con los activos existentes (productos, clientes) y mejorar el conocimiento de las realidades. Para hacer esta comparación se hizo necesario analizar qué tipo de información era la que se iba a necesitar.

El proceso de descubrimiento de la necesidad se resuelve con la solicitud del anuncio.

1.- Localizar y definir a los clientes "representativos" del área comercial.

2.- Analizar desde un punto de vista histórico las tendencias de las ventas para identificar los clientes representativos efectivamente, definiendo los métodos de selección de clientes.

3.- Entrevistar formalmente al cliente y en particular aquellos que son percibidos como muestra en ambas modalidades.

4.- Recoger sus necesidades en todos los niveles (productos, subjetividad, sociabilidad).

5.- Organizar los resultados.

El comienzo fue un medio <<baño de sangre>>, la zona comercial se ha sentido desde la perspectiva de la percepción de los clientes como su negocio "propiedad" y la comercialización del producto ha tenido una actitud de "el producto es adecuado, el cliente no entiende". En ambos casos se demostró una mala actitud con el concepto de "servicio".

La habilidad del administrador fue capaz de mantener la calma, dejando claro que el estancamiento comercial o de producto puede ser tan perjudicial para la empresa como el extremismo innovador. El sistema de empresa sólo puede vivir en el equilibrio dinámico de la relación con el Mercado.

Como resultado del trabajo se conoció que, en general, el parámetro para mejorar el "time to market", evidentemente si la parte de tejidos tiene el problema de no ser capaz de competir, en términos de precios y respetando el nivel actual de calidad que se considera suficiente (y, por lo tanto, bueno desde el punto de vista interno); la expectativa es la posibilidad de lotes pequeños disponibles rápidamente para evitar inventario, esto implica:

1.- La mejora del sistema de conexión informativa.

2.- Un sistema de relación más humana vendedor-cliente y más fiable.

3.- Diseño de producto que lo diferencie y que haga más rápida la respuesta industrial.

4.- Una relación diferente con los clientes industriales que necesitan de un producto acumulado a largo plazo.

5.- El análisis de sistemas para una predicción y una proyección de las necesidades más eficiente.

En este punto falta, de hecho, una pieza del análisis relacionada con el hecho de que la demanda era aplicada al contexto actual mientras que uno debe tener en cuenta el hecho de que el mundo puede ser muy diferente y, por lo tanto, hay que tener en cuenta la realidad que no existía en esta empresa; en concreto, nos referimos a canales tales como el comercio electrónico, la venta al por menor directa a tiendas del tipo corner o shop-in-shop.

El enfoque de la solución: transparencia o mejora. Se trata de la clásica pregunta, pero debe ser planteada adecuadamente en el contexto especifico, sin miedo, pero sin tomar riesgos innecesarios. Este tipo de elección se inicia a partir de un supuesto fundamental de la racionalidad del sistema de la empresa que, sobre todo en el mundo de las PYME, no está absolutamente garantizado. En particular, se observó que entre los clientes de la empresa era necesario emprender una serie de acciones para satisfacer sus necesidades en todos los niveles de la pirámide de Maslow.

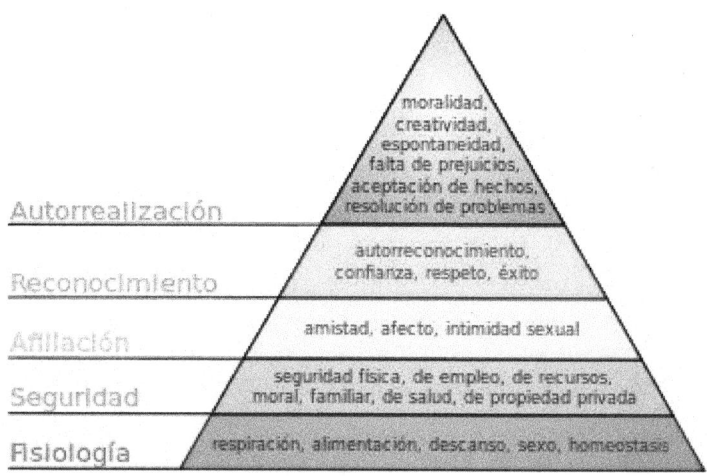

Pirámide de Maslow (Wikipedia)

En este caso, la elección de compromiso es iniciada definiendo el papel del patrimonio humano en relación con el cliente (en un sentido amplio como hemos visto).

Para cada "cliente", ya sea interno o externo, se ha llegado a definir las expectativas y a estimar el coste de las mismas; en particular, se busca identificar cuáles de estas necesidades no están cubiertas de forma suficiente, lo que da lugar a situaciones que dan lugar a la pérdida de competitividad de la empresa y crea el descontento interior. Es obvio que las intervenciones han tenido tiempos y procedimientos completamente diferentes dentro y fuera, teniendo en cuenta el diferente control del problema.

Las mayores dificultades que se encuentran en este proceso son esencialmente de dos tipos:

1.- La capacidad de ambos, clientes y empresa, en la evaluación de la importancia y el nivel de la cobertura de los problemas; usuarios agresivos tienden a querer imponer problemas, incluso relativamente pequeños y apoyados, parcialmente, por razones de poder personal y de enfoque inconsciente.

2.- La aceptación del concepto de servicio al "cliente" (interno o externo) con el modo de llegar lo más rápidamente posible y con el menor coste al nivel de equilibrio que permita a la compañía centrarse en un problema que nunca había tenido en cuanto a la operativa en un contexto conceptualmente diferente del mundo que ahora ha cambiado.

En esta operación el soporte informativo ha demostrado sus limitaciones, ya que representaba un mundo alejado de la realidad, o, mejor dicho, que representaba una parcela donde la compañía continuaba trabajando. Esta parcela, sin embargo, de seguir centrándose en ella podría ocasionar que la compañía pronto quedara aplastada.

La trayectoria real y los resultados: como hemos mencionado el nuevo administrador se centró en dos focos:

- Las necesidades del mundo exterior y su dinámica.
- Las necesidades de los usuarios internos y, en particular, la propiedad.

El camino que se ha seguido ha sido reflejado en este orden:

- Compartir con la empresa la situación real.
- Potenciación de los valores y de las expectativas del propietario de modo que fuera productivo y satisfactorio.
- Análisis de las necesidades reales del mercado.
- Construcción del modelo de organización teniendo en cuenta la restricción debido a la presencia de la empresa.
- Ruta de formación y adaptación de los recursos humanos internos con el esquema de organización y el funcionamiento de la "nueva" empresa.
- La construcción de la estructura y las herramientas para el control de seguimiento continuo para el mercado externo.

En cuanto a los sistemas de información la elección fue:

1.- Forzar la simplificación de los sistemas actuales de tipo contable y de aplicación, no invirtiendo inmediatamente en nuevos productos o tecnologías, siendo conscientes del peligro y limitaciones en estos campos, pero habiendo evaluado lo suficiente la funcionalidad.

2.- Empujar mucho su instrumentación por área de producto ambos como:

- Proyecto estético.

- Proyecto técnico (hojas de datos) ya sea para su documentación histórica como para cualquier producción externa.
- Planificación operativa (maquinaria).

Área comercial

- Análisis de los mercados y de las oportunidades.
- CRM: soporte y control de los clientes.
- Oportunidades de incremento de ventas (comercio electrónico, etc.).
- Cualquier venta menor.

UN CASO DE VENTA AL POR MENOR - RETAIL

La compañía: el siguiente caso se refiere a la estructura de venta de una empresa de tamaño pequeño-mediano del mundo de la ropa. Como a menudo sucede la compañía de ropa ha nacido en torno a la idea del producto y se acerca al mundo del retail de una manera distorsionada.

En primer lugar, dispone de los excedentes de producción que permanecen en el almacén con el problema del espacio, ubicado normalmente cerca de la planta principal. Cuando aumenta el tamaño de la empresa, un almacén ya no es suficiente y entran en el circuito de outlet organizado. A menudo, la oferta de producto no es compatible con las necesidades de la empresa en cuanto a la disponibilidad de productos, tamaños y colores, resolviendo el mundo de las existencias a menudo a través de Internet.

Mientras tanto, la compañía espera haber ganado cultura retail y decide afrontar el mundo de la venta en el mercado general, con tiendas monomarca y/o eventualmente shop-in-shop en las empresas de la gran distribución organizada.

En nuestro caso, la compañía había pasado por una oferta de cerca de 150 modelos con diferentes variaciones de color y talla para una oferta de cerca de 500 piezas que, entre otras cosas, corresponden al menos al triple del papeleo.

En cuanto al sistema minorista la compañía era afiliada a un profesional externo válido al que se le dio el trabajo de encontrar la ubicación del negocio en línea con lo deseado por la empresa y con una posición central que le permitirá elevar el nivel percibido del valor de la marca.

La operación se inició con el objetivo de llegar a 50 tiendas.

El mercado: la empresa opera en el mundo del estilo casual con una historia de excelencia en el segmento de las chaquetas. Los mercados de destino se extienden a todo el mundo, pero, teniendo en cuenta el precio del producto, sobre todo a los países ricos, aun cuando empiece a haber interés en los países emergentes. El cliente ideal pertenece a una clase social alta y tiende a dar a su aspecto un aire deportivo y tal vez un poco atrevido, que a la vez permite al producto ser atractivo tanto para generaciones jóvenes como de edad un poco más avanzada.

El sistema de información existente: el sistema de venta inicial había sido elegido para informatizar la tienda de la empresa y, por lo tanto, tenía como principales características:

- Un acuerdo de licencia de bajo coste.
- Funcionalidad operacional limitada y clara.

- Arquitectura funcional de un único nivel (una central y varias tiendas).
- Estructura técnica stand alone.
- Soporte geográfico cercano y basado en las relaciones personales.

Toda una serie de problemas eran resueltos de forma improvisada por su bajo volumen y por no tener una visión general. A esto hay que señalar la ignorancia de los procesos de venta al por menor por parte de las personas involucradas inicialmente y que habían subestimado una serie de cuestiones.

Naturalmente, cuando el fenómeno ha comenzado a incrementarse nos hemos encontrado frente a dos comportamientos extremadamente comprensibles pero peligrosos:

1.- El responsable de la empresa que adopta una actitud del tipo de: si esto va bien para tres por qué no para cuatro y así sucesivamente.

2.- El proveedor de software que se muestra interesado en mejorar su aplicación: "dime que quieres que haga y lo vamos resolviendo gradualmente".

En la práctica es como intentar alcanzar la velocidad de un automóvil en una bicicleta trucada.

La perspectiva económica: debido a la crisis, la empresa lleva algún tiempo con problemas financieros y la estructura de venta al público estaba pesando considerablemente sin traer beneficios; del total de tiendas sólo una o dos justificaban seguir con este canal de venta, si bien la mayoría pesan negativamente en las cuentas de la empresa. Entre otras cosas, la existencia de este canal de ventas, debido a las características corporativas, requería de ayuda para evitar más perdidas y costes lo que supone mucho esfuerzo para detectar cualquier problema por pequeño que sea, estamos hablando de una gran cantidad de tiempo dedicado a atender problemas específicos.

El factor de ruptura fue el análisis realizado por una sociedad de consultoría externa que obligó a la empresa a pararse a ver de una forma clara el proceso retail. Las cuentas lo dejaban claro y, en previsión a una posible recapitalización con un nuevo socio externo, la empresa debía de justificar su estrategia en el mundo retail y su aplicación. La empresa en su interior era una empresa con una cultura industrial comercial dirigida a clientes que se encontraban entre los minoristas del retail y profesionales del sector.

Mientras se presentaba una persona a cargo de la venta al por menor y el comercio, las decisiones reales permanecieron en manos de una cultura de producto que tomaron toda una serie de decisiones operativas y detalles típicos de la industria manufacturera.

El enfoque funcional: evaluar correctamente el trabajo a realizar, con la ayuda de un consultor, a través de un análisis dimensional del sector minorista de la empresa completo en todos los niveles de producto, subjetividad y sociabilidad.

Para cada punto estamos tratando de recuperar la mayor cantidad de datos objetivos evitando posibles prejuicios o ideas preconcebidas. Un trabajo que, con razón, se ha delegado en el exterior ya que el personal interno difícilmente podrá conseguir la distancia necesaria para una evaluación correcta.

Otro paso conceptual grande que la compañía hizo fue analizar por separado las necesidades de los clientes directos (minorista) y de los clientes finales (el público). Es cierto que esto ha significado casi el doble de trabajo, pero permitió comprobar la alineación del mercado directo, ya sea en tiendas en propiedad de terceros, y los requisitos del mercado real de los clientes finales.

Operativamente, el trabajo se llevó a cabo mediante la administración de cuestionarios rellenados por personal especializado, tanto en el caso de los clientes directos como de los clientes genéricos. De hecho, estos últimos fueron a su vez divididos en dos clases: los clientes contactados en las tiendas, que entonces ya conocían la marca y hacían comparaciones mucho más específicas, y clientes genéricos elegidos entre personas interesadas en el mundo de la moda, pero no en la marca específicamente.

Para cada una de estas entrevistas se dio un valor a cada componente de la expectativa de satisfacción en términos de solicitud de la respuesta percibida.

Los resultados exactos son de propiedad privada de la empresa, así como la forma exacta del cuestionario, lo que podemos extraer son los cambios en las políticas comerciales e industriales de la empresa efectuado el siguiente trabajo de análisis:

Resultados: en relación con el mercado real del consumidor final en el contexto de las tiendas propiedad de la compañía se encontró que:

Producto – Estética y alineación de moda: el producto se percibió como "moda" pero de "clase media baja" y ciertamente no de "alta moda" ya que la empresa fue engañada. Los competidores eran muy diferentes de lo imaginado. Los productos eran reconocidos y las categorías de productos casi inútiles.

Producto – Fiabilidad: se aprecia la calidad, pero el precio de venta se percibe demasiado alto.

Producto – Disponibilidad: muy baja percepción de los esfuerzos de publicidad. Este problema se debió a la decisión de la empresa de no ofertar en Internet.

Subjetividad – Capacidad de respuesta: la autonomía del personal de ventas y soporte técnico para una efectiva capacidad de respuesta.

Subjetividad – Seguridad: el nivel de competencia técnica era medio-bajo, lo que contribuyó a la percepción del posicionamiento de la marca.

Subjetividad – Empatía: por supuesto depende del personal de la tienda individual, pero en general la marca no inspira "simpatía".

Sociabilidad – Pertenencia al grupo: indicación de un nivel muy alto de agregación.

Sociabilidad – Distinción: más bien baja, probablemente debido a los sistemas de CRM.

Para el mercado de las tiendas se ha encontrado que:

- Producto – Estética y alineación a la moda: evaluación media, mejor que en los clientes finales.
- Producto – Fiabilidad: buena, pocos problemas en el post venta.
- Producto – Disponibilidad: medio baja porque la empresa no es muy puntual con la gestión de las fechas de entrega.
- Subjetividad – Capacidad de respuesta: buen nivel de servicio cliente para los minoristas.
- Subjetividad – Tranquilidad: bastante baja, especialmente por cuestiones de credibilidad, el cliente percibe una especie de orgullo industrial.
- Subjetividad – Empatía: depende mucho del agente, en general poco acentuada.
- Sociabilidad – Pertenencia al grupo: percepción de grupo por el cliente final baja, apenas hay actividades de grupo.
- Sociabilidad – Diferenciación: poco, bajo nivel de CRM en los comerciantes.

Resultados: en base a las indicaciones del análisis, la compañía había promovido demasiado una serie de puntos:

Producto: la oferta fue dividida de manera mucho más precisa en una muestra dedicada al mercado general que se compone de alrededor de 150-200 modelos y que se dirige a su plan de negocio inicial. Para esto fueron señalados una serie de artículos (alrededor de 100) para tiendas en propiedad. Esta segunda serie de variaciones está diseñada sobre la base de la variación de las prendas existentes en el mercado, simplificando mucho el trabajo de diseño y de producción. Con esta adición existe un complemento de gama completa que por un lado se utiliza para llenar el espacio de exposición y, por otro, ofrece un total look que caracteriza a la marca y permite a las tiendas de la compañía ser un punto de referencia para los seguidores.

Publicidad: la comunicación se ha abordado de dos formas diferentes. Un filón sirve para cambiar la posición de la marca a un modo highfashion mediante testimonios y presencia en medios de comunicación. El otro filón apunta a mercados específicos para tratar de estar presente siempre y en todos los mercados donde antes no era posible garantizar la correcta distribución.

Puntos de venta directos: a parte del punto de venta económicamente justificado y por el cual se ha reposicionado su plan de producto, la estrategia se ha desplazado a los puntos de venta en colaboración con los propietarios, característicamente de pequeña superficie, y dirigidos en gran medida hacia el producto más conocido (chaquetas) y con un fuerte vínculo con el territorio de modo que funcione como un escaparate efectivo.

Puntos de venta indirecta: se ha creado una estructura de contacto con el cliente mucho más cercana, incluso con disponibilidad de reuniones o meetings para fidelización.

Preferencia por agencias: varias han cambiado desde que la empresa promovió que el agente no sólo fuese el vehículo para introducir el producto en el mercado, sino una parte activa en el desarrollo mediante la recopilación y la racionalización de la información. Este tipo de relación, mucho más cerca de la sala de exposición de empresa que la cifra clásica del representante ha creado tensiones considerables tanto a nivel organizativo como económico en la estructura de ventas que tuvo que ser redefinida.

Relación con el compromiso: han sido objeto de un proceso de formación y han sido seleccionados ya que se ha delegado en ellos la capacidad de estar técnica y humanamente preparados para la relación con el cliente.

Las relaciones con los clientes: se decidió convertirlas en el punto central de la división minorista. Todos los aspectos de la relación se analizaron en el mundo retail de la empresa, el lay out, el packaging, la actitud de la empresa y los empleados. Una serie de reuniones han definido la subjetividad y las normas sociales de satisfacción que la compañía quería alcanzar; las herramientas para conseguirlas y las herramientas de control para que esto suceda.

Sistema de información central: la intervención fue bastante limitada y relacionada principalmente al control de la calidad de la información que afecta a la relación con el cliente, tal como las fechas de entrega o el índice de defectos.

Sistemas de información al por menor: estaban fuertemente afectados. La parte operativa del punto de venta fue juzgada insuficiente y sustituida con instrumentos diseñados para una verdadera compañía de venta al por menor. Sobre esta base nos presentan un clásico sistema de CRM (tarjetas de fidelidad, etc.) e innovadores (reconocimiento multi logo). Se ha introducido un sistema de monitorización constante de aspectos del cliente y del nivel de satisfacción. El análisis del trafico dentro y fuera del punto de venta, efectuada con las tecnologías adecuadas, ha indicado que ubicaciones eran correctas y cuales lo eran menos en relación con el número de piezas y el valor medio.

En general, la operación todavía está en curso, pero las señales son muy positivas en cuanto a la relación con el cliente y la rentabilidad de las tiendas donde todo ya ha recibido el equilibrio o ganancia.

INTRODUCCIÓN AL METODO

Después de haber visto dos casos prácticos, el objetivo es analizar, al más alto nivel, las necesidades de información de las actividades típicas de una empresa para definir un contexto cognitivo en el que se conoce al conjunto de datos y procesos de información. Al mismo tiempo, queremos controlar los flujos que actualmente están cubiertos técnicamente y cuáles no.

Aquí hablaremos específicamente de empresas de ropa, aunque el enfoque es válido también para otros sectores. En concreto, a todas esas empresas cuya finalidad es mejorar la vida a los clientes de acuerdo a su propia idea o propuesta en lugar de aquellos que lo único que buscan es crear riqueza para los accionistas.

La diferencia entre las dos visiones deriva en que en la atención hacia el cliente en el primer caso existe una relación de servicio mientras que en la segunda el cliente es visto como un instrumento para las ganancias de la empresa.

En general, puede ser que el cliente no sea consciente de la propia necesidad, pero en este caso se trata más de un forzamiento del proceso de extracción del mismo.

En este punto de vista también los agentes y los distribuidores son parte de la empresa extendida en cuanto a transmisores del concepto de servicio.

La razón por el cual el mundo de la moda fue elegido es porque se ocupa de bienes físicos, y no de servicios, y se ocupa de estos en términos de:

- Volumen de mercado e información.
- Índice de cambio del producto.
- Bajo valor individual del producto.
- Metodología de venta dispares.
- División entre cliente y consumidor (dos niveles de toma de decisiones).

El hecho sigue siendo mantener una cierta generalidad y tratar de imaginar la aplicación de estos conceptos para el análisis de las exigencias sociales y de la política como creador de servicio para los ciudadanos.

Antes de entrar en la fase de análisis, tomaremos un punto antes mencionado que es el hecho de que las ventas de las tiendas de ropa se hacen típicamente en presencia de un empleado. Desde el punto de vista de las empresas, el cliente es el encargado, o al menos una persona de su organización (véase, por ejemplo, los grandes almacenes), mientras que en el mercado real es el consumidor final. De hecho, la empresa juega un papel de guía en el producto lejos de ser trivial, pero, por encima de todo, es el vehículo fundamental para la parte de gratificación personal (el aspecto subjetivo de la venta). Desde el punto de vista de la información, el empleado es por desgracia un problema porque interpreta los datos detectados antes de la grabación generando un margen adicional de error en la calidad de la información. Muy a menudo, el problema se agrava aún más debido a que la información se transmite por el acto de la venta al gerente de producto, aunque también a través del agente de ventas, con un margen adicional de incertidumbre.

Querer construir un modelo de información que se base en la construcción de herramientas técnicas, significa definir estados y procesos en detalle. De hecho, en este trabajo nos centramos en el primer nivel debido a que el análisis detallado de cada subsistema haría el trabajo demasiado extenso. En otros casos veremos aspectos que consideramos poco desarrollados en la visión actual.

METODOLOGÍA DE ANALISIS

Puesto que la literatura no es clara y definida, vamos a tratar de utilizar un enfoque metodológico lo más general posible utilizando técnicas de análisis de los sistemas y procesos.

Definimos como sistema un conjunto ordenado de elementos organizados para lograr un determinado objetivo. Estos elementos pueden comprender aspectos físicos, personas, información, herramientas y otros elementos de servicio.

Cambiando alguna característica del sistema raíz podemos pensar que el sistema tiene características tales como:

- Auto-referencia: el sistema interno está definido por normas.
- Homeostasis: un sistema está en equilibrio cuando ciertas variables críticas se mantienen dentro de ciertos límites.

De un sistema estamos interesados en definir un patrón abstracto, informativo en nuestro caso, el fenómeno natural o artificial se llama sistema físico. Un sistema físico puede ser configurado por medio de una representación dinámica, o de procesos, y una estática, o de estados. Un proceso puede ser definido como la transición entre dos estados (inicial y final) de un sistema, así como el estado es una fotografía del sistema en proceso.

Ambos tienen significado dentro de un contexto de variables de definición y de métricas de medición de tamaños y variaciones.

En este punto, podemos destacar que hay procesos físicos que tienen por objeto la gestión de la información y otros que operan en los objetos físicos en los que existe un sistema de información de servicio.

En el primer caso proceso informativo y proceso físico coinciden.

En el segundo caso, y descendiendo en la práctica con un ejemplo que se refiere al sistema industrial, se puede definir el estado (posición espacio temporal y de componente físico: visión logística) y el proceso que opera (por ejemplo, la transformación de un bien en otro: proceso industrial). El sistema de informatización asociado, a su vez, debe definir el contexto, el estado de la información y sus reglas de transformación (procesos). En el primer caso tenemos la información típica (variables de estado o de proceso con el problema de la elección de las variables), en el segundo la información y el estado del sistema (por ejemplo, saldo, inventario, etc.), en el tercero los típicos datos asociados al cambio (movimientos de valores, contabilidad, ordenes de trabajo, etc.).

En cuanto a las funciones de información son normalmente las funciones de recogida, almacenamiento, transmisión, procesamiento y presentación.

Sólo para tenerlo presente recordamos la existencia conceptual del problema de medición de los parámetros en su doble existencia como una necesidad de un instrumento de medición y el hecho de que la medida sí podría perturbar el sistema medido.

De hecho, hay que señalar que aquí hemos hablado de ontologías de sintaxis mientras existe un mundo asociado con la información semántica rica, no estructurada, pero difícil de usar.

En este trabajo nos interesan en particular los llamados "procesos de negocio", es decir, los procesos artificiales que representan funciones relacionadas con la actividad total de una organización o de una empresa económica. Respecto al sistema natural estos sistemas no tienen reglas determinadas de tal manera que, definido el estado del sistema y de las entradas, las salidas se determinan completamente; se trata de un sistema social sometido a diversos contextos culturales, reglas estadísticas de sistema determinista en el sentido de Galileo.

En la continuación del capítulo en lugar de tratar de presentar los procesos en un lenguaje formalmente correcto y fácilmente utilizable (competencia por ejemplo de metodologías como UML) me gustaría afrontar el problema de la metodología por la definición de los objetivos de un sistema informativo con referencia a un problema práctico de la empresa, el cómo va a "entrar" en el problema específico, en nuestro caso en el mundo de la moda.

Acabamos de ver que para definir un sistema de información encontramos, además de la definición del contexto, los valores de la información de estado de los procesos; en mi experiencia un método de trabajo para esta identificación pasa a través del análisis de la información.

En la práctica tenemos que plantearnos una serie de preguntas acerca de cómo es el estado inicial y que ocurre en el sistema; las preguntas son: qué, cómo, quien, dónde, cuándo, cuánto y por qué, en el que cada pregunta es una dimensión.

- Qué: el objeto del proceso, que indicadores se identifican y miden durante el proceso.
- Cómo: como se observa y se trata la información (descripción de estado), como es el proceso (aplicación

de las normas). En este contexto, existe el problema del método de medición, la métrica o la cuantificación de la medida del valor o de la modificación de los indicadores (por ejemplo, modelos six-sigma); también en este ámbito comprendemos el problema de elección del lenguaje de representación para tener un formalismo consistente.

- Quien; definición de los actores del contexto, que sufren el proceso (estado inicial), que actúan en el proceso y los resultados del proceso (estado final).
- Dónde: el espacio del proceso, donde nace, donde se lleva a cabo y donde se refleja el proceso, especialmente en una situación de globalización los lugares de nacimiento operativo y de destino del proceso pueden coincidir o ser muy diferentes.
- Cuándo: cuando se hizo el proceso (estado inicial), cuando opera y define el proceso y se ven los resultados (estado final).
- Cuánto: cuál es el calor inicial y la variación del valor de las variables individuales.
- Por qué: el problema de la existencia de leyes nacionales (estabilidad inicial del sistema), la existencia de interacciones con el entorno (leyes externas).

De todas estas preguntas sin duda diferente es el "por qué" en cuanto a que en algunos casos se debe a reglas del código externo (leyes o reglamentos) mientras que en otros son simplemente la búsqueda de un esquema racional en una realidad física.

El "qué" es, en cierto modo, el grado de compromiso con la realidad física; distingue cuales son las dimensiones verdaderamente interesantes de un proceso especifico, aquellas para las cuales el cambio es significativo. En general, algunos de nuestros procesos solamente pueden ser considerados medibles en términos estadísticos y su población a menudo muestra las limitaciones asociadas con el teorema de De Moivre.

Es importante tener en cuenta que, dependiendo del proceso que tengamos en cuenta, algunas de estas dimensiones pueden coincidir. Tomemos, por ejemplo, el proceso físico de la caída de una manzana. En este caso el aspecto de contenido y situación geográfica del proceso coinciden: el proceso es la variación de la posición geográfica de la manzana, el hecho es que pueden ser confundidos.

- El dónde en el ámbito geográfico del proceso.
- El dónde como contenido del proceso.

Metodológicamente existen todas las variables, pero en casos especiales pueden coincidir.

Como dijimos antes al hablar del sistema cuyo comportamiento no está completamente determinado a partir de la condición inicial, la propiedad de homogeneidad espacio-temporal se considera casos especiales y no es una regla general, propiedades particulares tales como la reversibilidad de los procesos no se garantizan, aunque esté prohibido expresamente, por lo que algunos mecanismos del proceso técnico (manejadores de compensación) no se pueden dar por sentado.

EL OBJETIVO: EL PROBLEMA REAL

Como se mencionó asumimos que el propósito de la empresa, sobre todo en el contexto local identificable con el emprendedor, es mejorar el nivel general de la compañía en la sociedad, entidad que representa su mercado objetivo. Esto se traduce en cuatro procesos fundamentales.

1. Capacidad de recibir y codificar las exigencias del cliente.
2. Capacidad de racionalizar e interpretar las exigencias.
3. Capacidad para satisfacer esa necesidad.
4. Capacidad de transmitir la capacidad de satisfacer la exigencia.

En medio de todo está el proyecto industrial de la compañía en todos sus aspectos: marketing, ventas, producción, logística y servicio.

En los libros de marketing se destaca acertadamente la importancia de las cuatro P (producto, plaza, precio y promoción), es decir, la capacidad para proporcionar el producto al precio adecuado en el momento adecuado, mediante una correcta comunicación con el cliente. Desde un punto de vista de la información esta afirmación trae consigo dos problemas:

- Por qué solo cuatro dimensiones de análisis y no siete.
- Qué significa "gusto".

Vamos a tratar de enmarcar estas preguntas en un sentido más general, pero es importante mantener la comparación con otras visiones del problema.

Volviendo a nuestro proceso principal observamos que el primero, el segundo y el cuarto tienen un contenido (el que); información en el sentido de que las funciones son las que operan en los datos mientras que el tercer contenido es "físico" en el sentido de que el objetivo es que un bien real (un vestido) esté disponible para el cliente por lo que en ese caso vamos a trabajar en el proceso información del servicio.

NECESIDAD: EL PRINCIPIO

Antes de continuar el análisis considero esencial definir los contornos de lo que se ha referido como "la necesidad del cliente".

El psicólogo Abraham Maslow ha indicado una clasificación de la jerarquía de necesidades y la motivación divididas en cinco clases:

1. Motivación de base fisiológica: las necesidades básicas (beber, comer, dormir, etc.).
2. Motivación de seguridad, ansiedad/agresión: las necesidades de defensa dentro y fuera de la casa, fuente estable de ingresos.
3. Amor y sentido de pertenencia, necesidades ambientales; la necesidad de un ambiente confortable ya sea en términos físicos como psicológicos (gratificación personal).

4. Autoestima y prestigio: la necesidad de ser reconocido, aceptado socialmente.
5. Auto-realización y éxito: aproximación al propio ideal.

Se supone que el individuo, una vez se cumplan las necesidades de nivel inferior, dirige su atención a niveles más altos.

En cuanto a la vestimenta habitual:

- El primer nivel de la pirámide de las necesidades no se considera.
- El segundo es el factor histórico del utilitarismo, aquel para el cual un traje sirve para cubrir y defender el cuerpo. Hoy en día, en la sociedad rica, este factor tiende a perder importancia en la presencia de muchos factores (coche, calefacción) que modifican la relación con el cuerpo y el entorno. Esto, por supuesto, sigue siendo muy importante en los atuendos técnicos, deportistas, de trabajo, etc., donde el factor funcional predomina.
- En el tercer factor entraremos en el mundo de la gratificación personal intensa como placer estrechamente personal (la sensación del cachemir, el rojo Valentino, el olor del cuero) y, por supuesto, la sensación de confort cuando usamos un producto bien hecho.
- En el cuarto punto englobamos el factor social en términos de gratificación en el momento de la compra o de pertenencia a un grupo con sus símbolos distintivos. Algunos autores parecen asociar este aspecto social esencialmente al momento de la venta, donde todo el foco se centra en el comercio minorista o retail. Si esto

fuera así, las ventas a través de Internet tendrían un significado muy limitado; personalmente creo que hay un componente social más amplio y que se lleva a cabo más tarde. De nuevo, si nos fijamos en las ventas de ropa a través de Internet, diferente de la venta por catálogo, a menudo la gente compra lo que ha visto, o quizás probado, en una tienda buscando un descuento. En este caso la fase de gratificación personal existe en la cabeza y se pierde en el momento de la compra.

- El quinto punto incluye el enfoque del "yo ideal" con un valor de auto realización no sólo para el mundo actual (individual o social) sino también hacia una visión en perspectiva.

Obviamente el verdadero resorte de la compra será una combinación de todos los factores ponderados de manera diferente dependiendo de la persona, el objeto, el momento, el lugar y la forma en que se desarrollará la interacción con el contexto.

NECESIDAD: LA PRÁCTICA

En realidad, lo que tenemos que hacer es anular la diferencia entre las expectativas del cliente y la percepción sobre la calidad del producto/servicio adquirido. En este caso tendremos satisfechos al cliente al ver correcta la relación entre el precio y la percepción de valor.

Haciendo referencia a los modelos de calidad de servicio mediante análisis jerárquico multidimensional o de Análisis

GAP, y también la integración de otros factores, tenemos que satisfacer los parámetros de calidad relacionados con:

1. Producto: aspectos tangibles (nivel de estética/diseño, ajustado a la moda).
2. Producto: fiabilidad (calidad de los materiales y de la fabricación, fiabilidad de la empresa).
3. Producto: disponibilidad del producto en los momentos y lugares que se requiera.
4. Subjetividad: capacidad de respuesta (puntualidad, gestión de conformidad, flexibilidad).
5. Subjetividad: capacidad de seguridad (competencia, trato, credibilidad).
6. Subjetividad: empatía (comunicación).
7. Sociabilidad: pertenencia al grupo.
8. Sociabilidad: distinción en el grupo.

Como se señaló anteriormente, la satisfacción del cliente es una operación compleja que no debe olvidar el hecho de que el cliente es "la persona importante" y, como tal, no puede considerarse sólo como el destinatario de un producto por bueno que este sea. Por otro lado, no sólo debemos pensar en la venta soñada, sin algún producto en concreto, ya que pasada la euforia inicial tendríamos a un cliente insatisfecho. Por lo tanto, incluso desde un punto de vista de retención de clientes en el tiempo, la satisfacción debe estar integrada en todos los componentes.

En cuanto a la parte "social" vale la pena tener en cuenta lo que se considera la diferencia entre estilo y moda. El estilo es un componente importante dentro de la identidad de grupo, es la manifestación externa de ciertos valores y actitudes que, con altos costes, pueden ser imitadas por un externo. Sólo para mantener esta dificultad de pertenencia nuestro código debe actualizarse continuamente dando lugar al fenómeno de la moda entendido como el conjunto de señales de estilo. A partir de aquí se obtiene el "modo" en que se transportan desde el interior del grupo mientras que el estilo proviene de personas fuera del grupo y que llevan una serie de valores alternativos. Cuando el nuevo estilo llega se acepta una masa crítica e incorpora una masa crítica incorporado en la cultura social que genera la búsqueda de nuevos elementos de rotura.

LA IMPORTANCIA DE LOS FACTORES

A partir de un estudio de un grupo de consumidores, se encontró la importancia relativa de los parámetros de la adquisición.
Es importante destacar que estos valores se refieren a una muestra de usuarios en relación con la compra de ropa y, por lo tanto, es sólo válida en este contexto.

METODOLOGÍAS DE SOLUCIÓN

La organización social actual proporciona la solución de la exigencia del cliente, esencialmente, por responder de dos maneras:
1. Industrialmente: a partir del análisis de las necesidades y el diseño del producto-solución y la logística de disponibilidad.

2. Comercialmente: eligiendo el mercado y ofreciendo la solución que, en opinión de los minoristas, mejor cumpla con los requisitos.

Estas soluciones tienen puntos en común (recopilación y análisis de las necesidades) y un punto específico que afrontaremos a continuación.

PROCESOS GENERALES

Veamos los macro procesos comunes a ambas metodologías de servicio.

CAPACIDAD PARA PERCIBIR LA NECESIDAD DEL CLIENTE

En este proceso, el sistema es el conjunto "empresa-cliente potencial", donde este último es el poseedor, más o menos consciente, de la exigencia o requisito. El proceso conduce a la puesta en común de la necesidad, traspasando la información relevante, con la empresa.

¿Por qué implementar el requisito de la exigencia del cliente? La respuesta es una actitud correcta hacia sus exigencias, no pensar que soy el depositario de los conocimientos, sino que vemos a la empresa como un actor que puede ver y proponer soluciones a las demandas existentes.

Quien: los que trabajan en el proceso de la percepción de la necesidad.

El consumidor: es la persona en donde nace explícitamente la exigencia (impulsada por la demanda) o en donde esta, de forma oculta, se cultiva (basado en la oferta).

Desde un punto de vista de la catalogación del cliente podemos identificar:

- Clientes conocidos: clientes de los cuales tenemos un historial de comportamiento a través de tarjetas de fidelidad u otros; en concreto, aquellos que pensamos que son importantes por nuestro razonamiento predictivo, lo clientes de muestra y aquellos clientes que históricamente representan una forma estadísticamente significativa en el mercado de referencia.
- Clientes extraños.
- Clientes potenciales entendidos como personas con las que ya se está en contacto (totalmente anónimo) que se asignan a los segmentos de mercado catalogados como de referencia, o aquellos que miran el escaparate o entran en contacto (en la tienda o en el sitio web) pero no proceden de la compra (contacto).

Es obvio que para cada categoría se trata de diferentes situaciones y estrategias comerciales: en el primer caso el objetivo es mantener el cliente y posiblemente aumentar la venta cruzada o el up-selling, en el segundo caso estamos fidelizando al cliente aumentando la barrera a la entrada de competidores, en el tercero queremos disminuir las barreras de entrada.

Quien reconoce la necesidad: estos operadores se dividen en tres grupos. En el primero se trata de personas cuya labor consiste en recoger y catalogar las impresiones de mercado, otras veces son llamados "cazadores de lo cool" o exploradores. En la práctica, estas cifras operan a nivel más amplio: social, entorno… En el nivel intermedio hay miembros del personal cuyo contexto profesional es el conjunto de las tiendas en la sociedad más allá del simple negocio. A nivel más directo operamos figuras de personal de venta (empleados) que tienen acceso a un nivel de información más estrecho pero definido.

La transmisión de la exigencia: se podría decir que se trata de estas personas que recogen la necesidad, el agente o el vendedor. En mi experiencia he visto que la función no es percibida como parte integrante del trabajo de modo que se delega a una función administrativa (con la consecuente pérdida de fiabilidad del dato) o es seguida de forma apática y superficial empeorando la adquisición de información siempre que no fuera retenida deliberadamente para generar "indispensabilidad".

Lo que se percibe, cual es el objeto de deseo: volvemos al argumento hecho en la primera sección de este tema en tres niveles:

- Exigencia o necesidad conocida: solicitudes explicitas puntuales, el típico deseo de características particulares (calzado resistente al agua, de trabajo, etc.) tal vez relacionadas con nuevos contextos (guantes para snowboard).
- Necesidades semiestructuradas: más general que la precedente (por ejemplo: ese tipo de chaqueta, pero con la piel en los bordes), se trata ahora de la exigencia típica del producto, en este grupo podemos meter las

necesidades de modelado (demasiado larga o corta) que se expresan gestualmente pero no de forma verbal.

- Necesidades de contexto social o geográfico: en relación con el producto son más vagas, a menudo relacionadas con fenómenos de emulación (gafas redondeadas como la forma de los automóviles, una tendencia glamour).

En cuanto al objetivo de la percepción es bueno hacer un análisis de la situación real; en este caso puede ayudar la matriz de Ansoff que divide el mercado en nuevos/artículos existentes de mercados nuevos/existentes, etc. En el caso del mundo de la moda se habla de características de los artículos (piel, tela, chaquetas o chalecos, gama de colores); es poco probable en el mundo de la moda solicitar un artículo con más detalle a no ser que se trate de un producto hecho a medida.

En este punto, hemos categorizado sólo las demandas sobre el producto, pero creo que debemos mantener el mismo análisis de la estructura también con respecto a otros niveles de necesidad (gratificación personal, social o autorrealización). De hecho, este tema de investigación es fascinante y ha sido poco explorado.

Dónde: el aspecto geográfico de la detección de las exigencias y el almacenamiento de los datos asociados.

Dependiendo de los niveles de exigencia considerados (conocido, semi estructurado o social) los lugares más indicados podrían ser:

- El negocio visto como un momento de conversación con el cliente: en esta fase se hacen explícitos los requisitos de tipo conocido o semiestructurado. Se generan activos de información muy importantes.
- El comportamiento frente al escaparate o dentro de la tienda: aquí los actores son normalmente los clientes potenciales y la forma de la explicación es muy variada, estamos ante un patrimonio informativo muy importante pero un poco desestructurado y difícil de ver.
- La observación de los competidores: estamos observando la necesidad a través de las soluciones propuestas por otros y, por lo tanto, ya medida. Lo que es importante es que los competidores podrían haber tenido acceso a un contexto que, por muchos motivos, pueden ser excluidos. En un momento de globalización de los mercados, el análisis de la competencia externa nos permite un punto de vista difícilmente accesible.
- Observación de la sociedad en los aspectos geográficos: es donde comparamos las exigencias más innovadoras, pero en su etapa inicial, por eso es más difícil de determinar la información relevante.

En cuanto a la definición del proceso de detección y almacenamiento podemos pensar en bases de datos como en un contenedor de información; el problema se está desplazando desde un punto de vista tecnológico (cantidad y tipología del dato) a la forma y función de la naturaleza semántica de buena parte de los enlaces.

Cómo: para entender como reconocer los requisitos primero tenemos que preguntarnos cómo se desarrolla. Podemos clasificar la modalidad de externalización en:

- Necesidades personales conscientes tales como la solicitud explicita a un vendedor o un comentario sobre la visita al sitio.
- Necesidades personales inconscientes tales como la acción de escoger un objeto, observarlo bien y luego dejarlo porque no ven conveniente un detalle o el precio.
- Necesidades sociales tales como el nacimiento de una nueva moda, los aspectos de diferenciación inicial y de pertenencia posterior.

Cómo se recoge la necesidad: para cada modo vamos a imaginar un método de recolección de información elementaría (definición del estado) y luego:

- Soporte a la venta directa que sea efectuado por escrito.
- Apoyo al análisis del entorno.
- Soporte al análisis de la competencia.
- Soporte a la catalogación de las tendencias sociales.

En cuanto a la definición del proceso tenemos el problema, enorme, del método de recogida, almacenamiento, comunicación y presentación de la información. En particular, la recolección debe tener en cuenta el hecho de que en funcionamiento está el trabajo tanto en condiciones normales como situaciones confusas (saldos, momentos altos de venta) en los que la forma de recogida se convierte en un problema.

Además de estos problemas, nada triviales, hay que sumar la calidad del dato:

- ¿Un cliente que se siente observado se hace el ignorante?
- ¿Los datos son efectivamente significativos o están condicionados por la detección?

No parece apropiado entrar aquí en las cuestiones relacionadas con la metodología y la bondad del muestreo, creo sinceramente que, en esta etapa, ya se es capaz de reunir mucha información relevante.

Otra cuestión a tener en cuenta considera un sesgo estadístico en la detección, como ejemplo nos fijamos en el punto de venta como definición del contexto: en una tienda exclusiva sólo puedo percibir las necesidades de un cliente rico, en las grandes superficies de otro tipo de cliente. Debe entonces hacerse una comparativa del comportamiento con el histórico del cliente medio para evaluar correctamente la información.

Cuándo se recoge la información y cuándo se utiliza: si reanudamos la subdivisión de información conocida, semiestructurada y de contexto vemos que:

- La información de contexto tiene un horizonte mucho más amplio de la vida, hablamos de uno o dos años.
- La información semiestructurada necesita meses antes de su respuesta física, por ejemplo, al final de la temporada invernal anterior (saldos) y la estación de vacaciones como un momento de maduración de la moda de

invierno con un time to market ligeramente más corto de lo aceptado hoy (momento de maduración de la necesidad).

- Las necesidades de detalle deben ser inmediatas en el sentido de que lo ideal sería que una solicitud de este tipo se resolviera en el contexto comercial (cliente/momento).

En cuanto al momento de la recolección de la información de contexto no hay una verdadera y propia definición, incluso si es realista pensar que en invierno observo la tendencia para el invierto y viceversa para el verano. Las necesidades puntuales o semi-generales surgen, principalmente, durante el periodo de venta, tanto en términos de enfoque genérico como los detalles de un único evento (venta directa).

Incluso más que para otra dimensión de la información, el valor del dato tiene una fuerte dependencia temporal en el sentido de que existe una fuerte variación de las señales en el tiempo: la venta en campaña y no durante los saldos u ofertas debe ser adecuadamente normalizada.

Cuánto: en cuanto a la cantidad de señales recibidas y cuales son significativas debemos considerar los datos informativos.

Sobre este tema hay que tener en cuenta tres aspectos: un discurso del método, uno de contenido y un valor de referencia.

Para explicar el discurso del método pongamos un ejemplo: si un cliente dice "lindo" de una pieza la varianza estadística del valor de la variable belleza es igual al valor de la variable por lo que esta información no es muy significativa; el teorema de Moivre nos recuerda que la varianza de la muestra detectada debe acercarse a la población real como una función inversa a la raíz cuadrada del tamaño de la muestra, por lo tanto, que cuatro personas digan que una pieza es linda vale el doble de lo que diga un único cliente.

Con respecto al contenido de la medida, es decir, la elección de las variables a medir, eso debería permitir la creación de un modelo predictivo y, a continuación, ir a la opción en función del objetivo de nuestro estudio. Vamos a ver un caso típico: el análisis de las ventas en los periodos de campaña y de saldos.

En este caso la comparación se realiza en tiendas monomarca que es un indicador de tendencia de análisis de la certeza del precio en cuanto a la oferta (aproximadamente), lo que se cambia es la variable precio. En el caso de negocios multimarca esto da una indicación de la participación en el mercado relevante porque, después de haber cambiado el precio, seguir de manera desigual entre las marcas es un problema de comparación.

El ejemplo anterior presenta un tercer parámetro que es el valor de referencia: cuando se mide un cierto tamaño tiene que entender el significado de esta medida en el mundo en el cual se encuentra. Un ejemplo ideal sería el mundo de la piel, el conocimiento de la propia venta va de la mano del potencial de mercado, es decir, el porcentaje de saturación y la dimensión del mercado: es difícil reducir las tasas de crecimientos extraños en un mercado esencialmente estable o decreciente, las buenas ventas en este sector se han de interpretar como una nueva cuota de mercado o un fenómeno esporádico, difícilmente repetible.

El problema con este punto, por tanto, se refiere a: la capacidad de recoger una cantidad de datos suficiente, su variabilidad significativa y la posibilidad de compararlos con el exterior.

Instrumentación, herramientas y métodos: la recopilación de los indicadores es un proceso extremadamente difícil desde un punto de vista operativo. Vamos a tratar de interpretar el esquema descrito a partir de la naturaleza de la necesidad.

Exigencia conocida: existe sólo para clientes conocidos en lugares conocidos (tiendas, salas de exposición).

Prácticamente todas las tiendas están provistas de herramientas de apoyo para los "problemas administrativos" de venta (emisión de recibo, gestión de inventario, etc.). Algunas de estas herramientas también tienen una gestión, más o menos extensa, del CRM, sobre todo para la parte de post-venta (fidelidad, re-llamada, etc.) y del presupuesto económico o comercio (mercado y categoría). En mi experiencia nadie afronta el problema de la no venta o de la recogida de solicitudes.

Dado que se trata de información bien estructurada cualquier cantidad de información es significativa.

Exigencias semiestructuradas: existen para ciertos clientes o en lugares típicamente definidos.

Hace poco leí de colegas que proponen proporcionar pulseras a potenciales clientes que visitan la tienda para seguir su recorrido. Personalmente soy muy reacio a llevar un dispositivo de este estilo, me sentiría como una vaca con microchip.

Creo que el sistema debería ser mucho menos invasivo y más pasivo; más interesante puede ser el análisis de las películas de los movimientos dentro de la tienda, seguramente no puede haber problemas de privacidad y ciertamente no hay problemas de capacidad para la técnica de análisis de filmaciones con el fin de obtener la información deseada. Es obvio que este tipo de análisis es más difícil y los resultados más difusos, pero se acerca más al análisis natural del problema que estamos enfrentando. Una comparación interesante podría ser un mapa olfativo en un entorno dedicado a los perfumes.

La cantidad de información que va a detectarse es bastante alta teniendo en cuenta la naturaleza indefinida del problema. Es interesante observar que la muestra de la que extraer información es más amplia que el anterior caso (una persona en comparación con un montón de gente comprando) de la que se desprende un problema técnico grande de extracción.

Necesidades de contexto: este problema se amplifica en el momento en que ampliamos el horizonte informativo comprendiendo lugares socialmente abiertos (plazas, discotecas, reuniones) donde se materializan los primeros signos de la tendencia de nuestro mercado objetivo.

El contexto cognitivo se extiende a todos los sentidos físicos y, por lo tanto, el problema de crear una sintaxis común se amplia a su vez.

Una forma interesante de seguir podría ser el análisis de las filmaciones o de la transmisión televisiva, no tanto por la presencia de los líderes de tendencia, a fin de cuentas, están operando en las decisiones ya tomadas por el cuerpo funcional de la película, sino que es positivo para la capacidad de la repetición infinita del tema; esto puede permitir el desarrollo de técnicas y algoritmos de análisis.

Ligeramente diferente podría ser el análisis del discurso relativo de la competencia que puede comenzar a establecer vínculos entre las variables de producto (oferta) y la tendencia económica intensa como una medida de la aceptación en el mercado.

CAPACIDAD DE RACIONALIZAR E INTERPRETAR LA NECESIDAD

En este caso el sistema es esencialmente la empresa y el proceso lleva a la puesta en común de la industria de marketing, que recogió las encuestas de la necesidad, industrialización, producción y logística para formular un plan de opciones realistas y de acuerdo con las estrategas de la empresa.

Independientemente del método y el tipo de datos que se analizan, el resultado requerido es información útil para dirigir el desempeño de la compañía en el futuro y que se puede expresar en una forma funcional de la estrategia de negocio.

Por qué la necesidad de racionalizar: la necesidad de traducir en un lenguaje conocido y aceptado el problema; por qué interpretar: para dar una posible solución congruente con el contexto

Quien: hemos visto que la necesidad se manifiesta en momentos/formas y lugares; desde un punto de vista analítico queremos dividir los actores de este proceso en personas relacionadas con la definición del estado y de la acción del proceso.

Es importante tener en cuenta que la evaluación del cambio puede realizarse de dos maneras muy diferentes:

- Racionalmente por medio de la definición de los procesos con sintaxis y semántica conocidos.
- De forma intuitiva mediante la aplicación de los procesos mentales con una semántica compleja.

En la práctica, se tiende a utilizar ambos enfoques evitando razonamientos demasiado precisos de los modelos teóricos no más completos o sólo pura fantasía en relación con el mercado.

Sería interesante, pero, por el momento, no resulta apetecible utilizar las técnicas heurísticas para la solución de los modelos interpretativos, probablemente debido a que los modelos existentes todavía no están formalizados.

Volviendo a nuestro tema, podemos pensar que:

Quien proporciona los datos son los mismos que los recogen a empresas especializadas en la investigación de mercado.

Quien racionaliza la necesidad: el marketing, el gerente de mercado de producto, o el personal bajo su dirección, porque para esta operación se requieren habilidades tecnológicas no casadas con un pequeño conocimiento de la realidad que impida las decisiones equivocadas. Tal vez fuera más correcto llamarlo analista de producto/servicio.

Quien interpreta: el diseñador o la persona que debe poder conjugar competencia general con información dispersa en una óptica de tiempo extensa.

Por supuesto, el papel mutuo de las diversas personas involucradas se enmarca en el contexto de la estrategia corporativa de producto/mercado, pero la importancia relativa puede variar en gran medida. Por ejemplo, para una compañía de lujo el rol de alta costura será prevalente respecto al rol del papel de la misma dedicado a una empresa de marketing masivo.

Quien recibe es quien puede utilizar estos datos: son los responsables de los procesos industriales y lógicos de las empresas.

Qué necesito para racionalizar o interpretar: la necesidad.

Como hemos dicho, el requisito es falta de aspectos objetivos (producto), de aspectos subjetivos (gratificación, el servicio en un sentido amplio) y de aspectos sociales.

En cuanto al producto tal vez deberíamos distinguir entre los requisitos de mejora, es decir, variaciones sobre las propuestas (típicamente detectado en la presencia del objeto anterior, la moda) y exigencias de tipo innovadoras relacionadas con las solicitudes de producto, pero sobre todo subjetivas, o que no existen o que no tenían soluciones tecnológicas en contextos anteriores (lo que es bastante raro en la ropa actual) ya que son nuevos estilos.

En cuanto a la primera, estamos hablando de operar en la pista existente y en un contexto más limitado, para la segunda la capaciad de interpretar las señales sociales o tecnológicas que pueden tener un impacto en las necesidades del consumidor.

En cuanto a los aspectos subjetivos hay que recordar la separación entre los aspectos de gratificación personal y social. En el primer caso podemos dividir la satisfacción de los sentidos en dos grupos:

- Los mensajes primitivos, tales como la comodidad o características que se relacionan con el factor humano, en un cierto sentido universal.
- Mensajes de producto culturalmente medidos por el contexto en el que vive la persona, por ejemplo, el color o las combinaciones afectadas sin duda por la empresa.

- Los mensajes personales de servicio a la persona y no al producto.

En cuanto a los aspectos sociales nuestro objetivo es ser capaz de definir cuantitativamente:

- La gratificación social como pertenencia y aceptación en un grupo.
- La distinción y el reconocimiento en la aceptación del grupo.

Como ya hemos mencionado esta última parte aún es poco conocida.

Dónde colocar el proceso de racionalización

En cuanto al aspecto geográfico de la localización del proceso hay que distinguir dos aspectos:

- El lugar de nacimiento y operativo: por lo general la empresa o el sistema de asesoramiento, dependiendo de la magnitud del problema a ser analizado y como la compañía considera su propio modelo organizativo.
- El lugar del destino: la primera parte del análisis general nace del problema de la adaptación a los diferentes mercados, un aspecto que hace que sea poco realista abordar de manera global con el análisis, a menos que se opere en productos muy específicos o que creamos que tiene una fuerza de ventas para imponer sus productos en cualquier lugar.

En realidad, el proceso puede tener dos modos extremos: análisis difuso, por ejemplo, en las diferentes ramas se pueden encontrar una consolidación estratégica central o análisis centralizado y adaptación local.

Actualmente ambas soluciones sufren de un problema de "time to market": demasiado tiempo reduce la competitividad de la empresa.

Cómo: sólo hablando acerca de cómo analizar la información la primera cosa que viene a la mente es la rama de la informática que se inicia desde el almacenamiento de datos para llegar al data mining o minería de datos y finalmente a la gestión del conocimiento. De hecho, aquí estamos tratando de racionalizar e interpretar las necesidades y las no correlaciones existentes explicitas y ocultas; el problema parte de un poco más y también hay que entender que la información no está codificada en el sistema tradicional.

Podemos dividir los métodos de análisis en grupos:
1. Racional.
2. Segmentaciones.
3. Métodos y herramientas de abstracción e interpretación:
   a. Cuantificación del modelo.
   b. Métodos proyectivos (modelo definido y datos de serie histórica).
   c. Métodos de pronóstico (nuevos modelos de datos históricos).
4. Semi cuantitativos.

Análisis de la solución - oferta de la competencia:
1. Análisis semántico del mercado.
2. Intuición: análisis irracional o de contexto.

Cuándo: desde un punto de vista temporal en el cuándo debemos tener en cuenta dos horizontes diferentes: uno para llevar a cabo el análisis y otro para ver cuál es el significado del resultado.

La racionalización de la necesidad es buena si se hace al mismo tiempo de la existencia de la misma porque permite cualquier tipo de verificación. El valor del resultado está obviamente ligado al dato que estamos evaluando.

En cuanto a la importancia del resultado estamos hablando del factor tiempo en el proceso de análisis del negocio: el time to market del producto:

1. De la definición del esquema de oferta.
2. De la idea en el producto único.
3. De la industrialización de la idea.
4. Del tamaño de la necesidad (previsión de ventas).

También hay que analizar la importancia del factor tiempo en los componentes relacionados con la persona en cuanto se cumple la petición del cliente.

Cuánto: en relación con el tamaño del problema me parece que lo primero que hay que aclarar es lo relacionado a la importancia relativa de los diversos niveles de Marslow, por ejemplo, cuando deba satisfacer el nivel 2 (el producto) para ser seguido por la necesidad de nivel 3 (el confort personal). Es evidente que la petición no será 100% porque una vez que llegue a un nivel de estado estacionario del sistema la atención volverá a su vez al sistema superior y así sucesivamente. Resolver la capa subyacente al 80% y la parte superior al 50% (siempre que se pueda medir) es una buena combinación y mejor que un 90-40).

En cuanto al producto tenemos que tener en cuenta cuán grande es la necesidad para luego poder estimar correctamente:

- Cuál es el mercado de nuestro producto.
- El tamaño del mercado.
- La evaluación de su propio posicionamiento: el problema de la cuota de mercado.
- La medida en la que nuestro producto cumple con las expectativas del mercado en cuanto a prestaciones y precio.

En lo que se refiere a los aspectos subjetivos de las necesidades en problema deriva de las variables definidas y de su medición:

- ¿Qué importancia tienen y cómo se satisfacen los aspectos subjetivos?
- ¿Qué importancia tienen y cómo se satisfacen los aspectos sociales?

Herramientas

Después de haber tocado la dimensión informativa del proceso de racionalización e interpretación de la exigencia del cliente debemos, llegados a este punto, ver el estado correspondiente a las herramientas disponibles. Podemos dividir los medios en:

1. Métodos analíticos: basados en datos medidos y repetibles.
   a. Precisión: podría tratarse de métodos estáticos y luego en cada caso el resultado contendría una porción de la indeterminación
   b. Heurística: vinculados a modelos no totalmente definidos.
2. Métodos contextuales: ligados principalmente a las sensaciones comunes, aunque no son medibles ni repetibles.
   a. Lluvia de ideas.
   b. Métodos top-down.
   c. Métodos bottom-up.
3. Métodos individuales: métodos ligados a una combinación particular persona/tiempo/lugar para el que puede proporcionar resultados no reproducibles:
   a. Zen.

Lo que es importante en este punto es que los métodos para la definición del valor pueden ser antitéticos y vistos como una provocación por los partidarios de uno u otro (pensar en un científico que deba aceptar los aspectos Zen) pero siempre y cuando se dé el resultado en un formato utilizable, creo que deberían ser aceptados por igual. Durante siglos las manzanas de

Newton cayeron y los hombres usaron la fuerza de gravedad como parte de las obras civiles y militares, incluso sin tener un modelo matemático. Se trataban de modelos intuitivos, pero funcionaban bien. En el caso de una ciencia social y no galileana modelos precisos quizá nunca habrá porque la condición de contorno no se reproducirá del mismo modo, pero el hecho es que podemos definir técnicas de recopilación y uso de la información.

PROCESO INDUSTRIAL

Una modalidad de solución de los requisitos de los clientes pasa del lado de la utilización de procesos específicos. Esto significa diseño, ingeniería, planificación y completar la producción de prendas que satisfagan las necesidades identificadas. En la práctica: generalizar y resolver industrialmente el problema.

En este caso el conjunto de clientes a los que se dirige (el mercado de referencia) es un grupo estadísticamente homogeneizado en el sentido de que se decide el tamaño y el posicionamiento de los clientes que se desean conocer y con estos se hace un razonamiento tipo "medio". Si me decanto por adolescentes de alto poder adquisitivo deberé interpretar mis estudios congruentemente y no como he analizado a la gente de clase y edad media. Se trata, comúnmente, de analizar grupos de clientes.

CAPACIDAD PARA SATISFACER LA NECESIDAD

En este caso el sistema es un conjunto empresa-cliente, donde la empresa es vista como un todo. El proceso conduce a la posibilidad de satisfacer el requisito. Recordemos que este proceso tiene un tipo de contenido físico, tratamos hábitos reales en espacios reales, y en este caso el sistema informativo es de soporte. Vamos a utilizar la misma metodología en el análisis de proceso, al final veremos los aspectos de soporte.

Por qué cubrir la necesidad: porque buscando una solución vamos a servir mejor al cliente y así asegurar el futuro de la empresa.

Qué: esto es lo que se espera como resultado del proceso.

- Producto: la mejora de los aspectos tangibles, de la fiabilidad y de la disponibilidad del producto. En la práctica, se espera un producto más bello y cualitativamente mejor, a la par de más disponible.
- Subjetividad: la mejora de la actitud hacia y desde el cliente y por lo tanto una mayor satisfacción.
- Sociabilidad: el reconocimiento del papel del cliente como miembro del grupo y como individuo en el contexto social, la conciencia de la compañía como socio fiduciario.

Todos estos aspectos deben medir las expectativas del cliente.

Qué cumple la necesidad: estamos hablando de las cifras para el producto:

Industrialización

Producción

Logística

Parámetros de subjetividad en la persona

Ventas comerciales

Logística post-venta

Relaciones con el cliente (CRM)

Venta al por menor o retail

Parámetros sociales de la persona en otros campos sociales

Promoción

Gestión de marca

Relaciones publicas

Cómo: técnicas organizativas, industriales y logística de apoyo a la satisfacción de la necesidad.

En el producto estamos hablando de la mejora de los procesos en la cadena de Porter, mencionados anteriormente. Esta búsqueda de la mejora de los procesos para mejorar la resolución de la exigencia es, sin duda, el área más estudiada de la organización empresarial; basta pensar en las diversas escuelas de pensamiento del BPR a la mejora continua de Kaizen. Ciertamente, no es objetivo de este trabajo entrar en estas cuestiones especializadas. Se trata, en definitiva, de responder mejor a las demandas del mercado.

Los parámetros de la subjetividad: en este estudio las soluciones, en mi opinión, no tienen la unidad orgánica del punto anterior. Actualmente existen estudios de aspectos, pero no se enmarcan completamente como solución al problema de la satisfacción subjetiva. Por lo general estamos hablando de:

1. Conocimiento y adaptación al mercado.
2. Competencia y disponibilidad de producto y control del canal.
3. Gestión física de la post-venta.
4. La relación indirecta con el cliente (CRM).
5. La relación directa con el cliente: venta al por menor.

Con respecto a los parámetros sociales no hay estudios cuantitativos de las exigencias sociales, tal vez debido a la información elementaría y extremadamente difícil, pero en mi conocimiento, estamos a nivel de hipótesis y conjeturas interesantes, pero no validadas científicamente. Recuerde que estamos hablando de estos argumentos:

La creación del "grupo": la marca y el papel de la promoción.

El mantenimiento: la gestión de la marca.

Relaciones publicas.

El "servicio personal".

Dónde está el proceso: por cuanto donde nace y donde se refleja el proceso diría que podemos individualizar en la posición geográfica del cliente. Por supuesto, actualmente el cliente puede estar en cualquier lugar en el mundo por lo que vamos a tener en cuenta los diferentes problemas físicos asociados con esto. En cuanto a donde se encuentra el dónde diría que:

- Producto: dependiendo de los subprocesos
  - o En el estudio de proyecto o de diseño.
  - o En el área técnica.
  - o En el área industrial, incluyendo la localización productiva.
  - o En plataformas logísticas.
  - o En los puntos de distribución final.
- Subjetividad:
  - o En el área comercial de ventas.
  - o En las plataformas logísticas.
  - o En el área de atención al cliente.
  - o En la venta al por menor directa o indirecta.
- Social:
  - o En la sociedad alcanzada.
  - o En las clases de clientes potenciales.
  - o En los "grupos propuestos".
  - o En grupos existentes.
  - o El individuo en singular.

Cuándo: como para los aspectos geográficos, aunque por el aspecto temporal el sincronismo trae varios aspectos de venta importantísimos; el fundamental es el calendario ya que un tiempo perdido no será recuperado. Quizás es propio en este punto la interpretación de la investigación que indica el "time to market" como un factor competitivo critico en el futuro próximo; acelerar una fase permite contar con márgenes en la gestión de otros subprocesos. Personalmente, pienso que, entendiendo que al modelar adecuadamente una zona se gana, el mayor problema está en el equilibrio temporal de los distintos subprocesos.

Producto: el tiempo de comercialización de la necesidad a la disponibilidad: de la idea al producto. Este ciclo dura, actualmente para las empresas de moda su colección, cerca de unos 8-9 meses con riesgos internos.

Subjetividad: el tiempo en el proceso de venta.

El avance: el CRM inicial (contactos, fidelización), la factura de venta después de las ventas: la re-llamada y la fidelización.

Se trata de procesos que se realizan en orden en unos pocos meses, unos años, una escala ligeramente más larga que la del producto.

Sociabilidad: el proceso de creación del grupo es tendencialmente un proceso veloz y cierto, consiste en mantener vivo el grupo a través de los planos típicos de altos y bajos. En cualquier caso, la escala de tiempo en esta parte es del orden de meses/años y, por lo tanto, más larga que en los procesos anteriores.

Dentro de esta problemática de la "distinción" del individuo hay obviamente un periodo limitado, ya que primero tiene que crearse el grupo y luego trabajar en el individuo, se cede la importancia al mantenimiento del grupo sin el cual es imposible la última parte.

Cómo: según la métrica de

- Producto: cuando resolvemos la exigencia en términos de
  - Estética.
  - Calidad.
  - Disponibilidad del producto.
- El coste final y el precio de venta de salida (la cantidad aceptada).
- La subjetividad:
  - Servicio.
  - Tranquilidad.
  - Empatía.
- Sociabilidad:
  - Cuánto se necesita un grupo.
  - Cómo se percibe el grupo propuesto.
  - Cómo se percibe el yo en el grupo.

En cuanto al índice del producto existen medidas cuantitativas conocidas acerca de la calidad (por ejemplo, la tasa de respuesta o hecho), disponibilidad (cuestionarios o pérdida de ventas) posicionamiento de precio (relación temporada/saldos). No resultan índices explícitos de cuantificación de la estética, excepto tal vez los porcentajes de muestras que nunca se pusieron en marcha para minimizar el fracaso en la industria.

Con respecto a la medición de los índices de servicio hay que distinguir entre calidad de servicio e índice de satisfacción, donde la primera está vinculada a parámetros externos y donde existen métodos de cuantificación comúnmente aceptados, mientras que el segundo está relacionado con la percepción del consumidor. Sólo el hecho de que se trata del consumidor introduce dos variables extremadamente importantes que están relacionadas con el cliente (la calidad tiene una perspectiva a medio plazo, satisfacción corta) y el espacio en cuanto consumidores con culturas diferentes y en diferentes sectores del parámetro "satisfacción" pueden tener valores diferentes.

No son, en el presente, análisis cuantitativos relativos a la pertenencia al grupo o a la percepción del yo dentro del grupo

Herramientas

Actualmente, las herramientas de información más consolidadas existentes sin duda se refieren a las áreas de definición del producto y del control de la producción y distribución (ERP); existen instrumentos fuertes en el área de previsión, CRM, y soporte de ventas. Descendiendo en detalle y exprimiendo una opinión absolutamente personal diré:

Para el área de producto:

- Definición de la naturaleza del producto: existen productos de soporte al diseño que tienden a cubrir aspectos específicos (estilo, PLM, modelado, calidad) y comienzan a integrarse aspectos de distribución geográfica y temporal (trabajo de flujo de distribución).
- Proceso de producción: es el área cubierta gracias a un mejor estudio, existen herramientas (ERP, etc.) tanto teórica como técnicamente válidas; y los límites actuales

son quizás de operativa y de formación cultural de los empleados.

- Sistemas de distribución: se empiezan a ver algunos instrumentos en paquetes industriales a veces asociados con los productos al por menor. No estamos todavía en el nivel del ERP, pero hablamos de problemas compartidos y estructurados.

En cuanto a las áreas relativas a los aspectos subjetivos tenemos:

- Área de relación con el cliente y las ventas: hay buenas herramientas (CRM) si bien existen las complicaciones técnicas a nivel cultural y de uso.
- Área de postventa: es vista un poco como la hermana menor de las ventas y aún sufre de un análisis inmaduro.
- Área retail: seguramente cubierta desde un punto de vista de operativa; en realidad no sé si se ha ido más lejos.

En cuanto a las áreas sociales las herramientas son esencialmente los cuestionarios analizados a continuación con una técnica matemática sofisticada. No resulta un uso metódico de análisis o el uso de herramientas automatizadas.

En cuanto a los aspectos informativos hablamos de un concepto ya expresado desde los diferentes grupos de interés que se pueden encontrar, desde un punto geográfico, distribuidos en todo el mundo; debemos prestar atención a los diversos niveles de integración que queremos lograr para evitar malentendidos o errores en los flujos de información. El problema de la integración de la información es un problema que en la actualidad esta subestimado a pesar de que ha sido bien señalado el importante papel que tiene la desintermediación del proceso.

CAPACIDAD DE DIRIGIR LA IDONEIDAD DE SATISFACER LA EXIGENCIA

En este caso, el sistema es un conjunto empresa cliente. El proceso conduce al conocimiento por parte del cliente (recordemos que estamos hablando de "grupos de clientes" dirigidos a mi solución) a la oportunidad de responder la exigencia.

Por qué comunicar la capacidad de satisfacer la exigencia: para evitar que pueda haber satisfacciones parciales, o no satisfacciones, en presencia de la solución.

Qué se modifica en el proceso: personalmente señalaré:

- El conocimiento de las características del producto en sus componentes tangibles de fiabilidad y de disponibilidad, así como en su posicionamiento de precio en el mercado.
- El hecho de que es precisamente el propio producto quien cumple las necesidades del cliente, indiferente de que la satisfacción sea tanto primitiva como inducida.
- El conocimiento del contexto o la expectativa del cliente de que la necesidad será satisfecha por la empresa; la percepción de la empresa por parte del consumidor que lleva al aumento de la confianza del consumidor; más o menos la idea de "venga con nosotros, se sentirá bien".
- Ser parte de un grupo. El concepto de marca.

- La singularidad del cliente en el grupo.

Con respecto a este último aspecto seguro que suenan los problemas con la privacidad personal. El hecho de que estamos hablando de un servicio, su medida implica conocer a la persona involucrada: personalmente, creo que el problema no puede ser esquematizado muy rígidamente en las leyes en cuanto que a todos nos gusta tener un buen servicio, pero al mismo tiempo no queremos estar sujetos a la presión molesta y preocuparnos por la presencia en grandes bases de datos.

Acerca de: a este respecto que es la parte receptiva del proceso, es el usuario visto como un estado de conocimiento, que es parte activa de la empresa como actor de cambio.

Por supuesto, hay que tener en cuenta los distintos tipos de clientes que se han mencionado anteriormente (el cliente conocido, semi conocido y desconocido) y utilizar los métodos y políticas correctas para cada categoría.

Dónde: el lugar, las posibles alternativas donde nace, se explica y se revela el proceso. Como dijimos, las partes inicial y final son los clientes en todos los lugares, mientras que el proceso se puede explicar en particular.

Para el producto:

- En los medios publicitarios.
- Presentando la comunicación genérica (testimonio).

Para los aspectos subjetivos:

- Canales directos de propiedad (retail).
- Canales directos que no son propiedad (retail).
- Diversos canales informativos implicados en el "boca a boca".

Para los aspectos sociales:

- Los medios de comunicación en el más amplio sentido.
- Los puntos de venta al por menor.
- El PR (relaciones públicas).

Cómo: con respecto a los aspectos de comunicación del producto podemos pensar en:

- Publicidad directa del producto: muestro y describo el producto a todas las capacidades sensoriales del ser humano.
- Publicidad indirecta tales como testimonios que ilustran las características del producto y que a través de su uso atraen la atención.
- Publicidad comparativa, comparando las características de mi producto con las de mis competidores, publicidad de contexto.

Para los aspectos subjetivos debemos pensar en:

- Publicidad de servicio: el servicio descrito directamente en su contenido poco común.
- Disponibilidad y profesionalidad de la persona de contacto.

- Ambientación del servicio de producto/precio: envases, campañas de ventas.
- Ajuste del servicio de contexto: material POP, alquiler del negocio.

Para los aspectos de promoción social:

- Campañas sociales tipo Toscani para Benetton.
- Afiliados.
- Testimonios genéricos.
- Merchandising.
- Patrocinios.
- Presencia en medios y prensa.
- La comunidad en Internet.
- El formato del punto de venta, es decir, el uso de los negocios como instrumento de creación de grupo, como herramienta de comunicación.

En cuanto a los aspectos distintivos debemos pensar en términos de servicio personal.

Cuándo: el factor del tiempo en la comunicación.

Seguro existen diferentes escalas de tiempo para los diferentes niveles de necesidad:

- Para el producto. el tiempo corresponde a la disponibilidad efectiva en el punto de venta: es inútil comunicar una capacidad si no se materializa. Para esto deben estar muy bien sincronizadas las habilidades de satisfacción y comunicación.

- Para los aspectos subjetivos, el valor principal es la confianza que es un parámetro muy lento de ganar y muy rápido de perder; la escala de tiempo es muy larga, debemos pensar en términos de años.
- Para los aspectos sociales, creo que el orden de magnitud se tiene que vincular a la duración de los estilos, periodos que debido a su conexión con la rotura de culturas están disminuyendo en cuanto a la facilidad de transmisión de mensajes de nueva ética. La escala de tiempo estaría entre los dos y los tres años.

Cómo: el cómo comunicar significa definir la cantidad de intervenciones con respecto a la dimensión anterior. De hecho, como veremos en el siguiente capítulo, el problema se reduce a la estimación de coste-beneficio en el uso de cada combinación:

- Lo que (tipo de conocimiento).
- Dónde.
- Acerca de.
- Cuándo.

Sabemos que la medida del coste es variable, ciertamente no es fácil medir el resultado, y se hace a menudo a través de indicadores adjuntos (aumento de las ventas, etc.).

Personalmente, creo que es un campo en el que hay mucho por hacer, sobre todo en la medición y definición de los parámetros directos.

Herramientas: con respecto a este proceso las herramientas disponibles son las mencionadas en el "cómo", que son la publicidad o las diversas herramientas de PR (relaciones publicas). Sin embargo, estas no sirven para monitorizar los efectos de la naturaleza del proceso; no sería en la práctica capaz de cuantificar el retorno de una inversión de afiliación en el impacto de la conciencia social de una marca.

INDUSTRIA: LA ARQUITECTURA DE LA SOLUCIÓN

Para tratar de organizar todo debemos imaginar establecer, para cada proceso, un patrón que comprenda todas las combinaciones posibles de las dimensiones consideradas para un total de opciones de las cuales una buena parte estará vacía en cuanto a privada de sentido físico (por ejemplo, en el primer proceso las exigencias de ciertos clientes potenciales).

Como ejemplo del método operativo se puede definir una tabla y especificar una casilla para el primer proceso (colección de requisitos) con lo que podremos conocer cuáles son los requisitos o exigencias.

De un cliente conocido

Obtenida de un vendedor que luego la trasmite, hablamos de exigencias semi-estructuradas formuladas en el negocio como una pregunta específica al inicio de la campaña de ventas. En otras palabras, todas las combinaciones de parámetros definidas para cada cuadrante. Aquí podemos ver cuáles son esenciales. De esta forma, estamos tratando de segmentar el problema de celdas unitarias en cuanto a argumentos, espacios que consideramos variables, estados y procesos. Se quedan fuera de este esquema la dimensión "por qué" y "cuándo".

En relación con el tiempo debemos tener en cuenta la variación de este esquema en el tiempo, pero esto es difícilmente representable.

Esta configuración corresponde, aproximadamente, al espacio de las fases de los posibles estados de un sistema mecánico, donde el valor estadístico de cada celda no es equipotencial, pero está ligado al peso que le da cada empresa en el marco de la estrategia corporativa. Al igual que en la mecánica estadística del contenido de las celdas es una función tanto de los valores de estado como de los valores de la función "variación de estado" y luego de los procesos, el todo aproximado en primera instancia, con una dependencia del tiempo no explicita.

En cuanto al coste pensamos en una gráfica de este tipo:

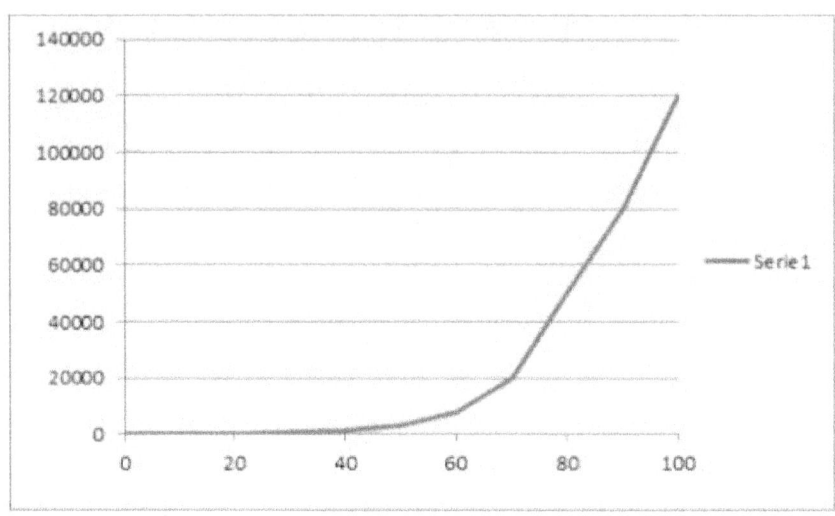

Curva de coste

Cuando el coste de la satisfacción al 100% es altísimo, el coeficiente de crecimiento depende de la naturaleza del contenido de la celda y debe ser el resultado de la investigación especifica que tenga en cuenta donde se coloca la celda en el espacio de la dimensión del análisis.

Por supuesto, en la evaluación del coeficiente del coste no debemos olvidar la fiabilidad de la técnica de llenado, y los problemas relacionados con las personas, tiempo y mucho más. Esto hace tremendamente difícil pensar en términos de solución global y por eso, en mi opinión, a menudo las empresas tienen dos principios segundarios:

1. Qué hago aquí (política market driven).
2. Qué pasa si no lo hago (miedo al "no hacer").

De hecho, el método que propongo permite afrontar celdas individualmente definiendo una estrategia local que se integra para cubrir áreas cada vez más amplias de conocimiento. Francamente, creo que el objetivo de una ontología semántica completa de todas las celdas sería irreal y, por lo tanto, debe llevarse a cabo un enfoque local, manteniendo al mismo tiempo la visión global, también por medio de técnicas heurísticas.

Tenga cuidado de no olvidar, en este contexto, el problema de mantenimiento del tiempo/espacio de los valores detectados.

El plan estratégico de la empresa se compone entonces:

- La decisión de definir el valor para cada celda medible.
- La capacidad para estimar el coeficiente del coste para cada una de ellas.
- El problema de maximizar el espacio de las fases definidas dentro de los recursos disponibles y a la actitud hacia las celdas que por razones de costes o de viabilidad técnicas permanecen como no medibles.

En la práctica, el objetivo es cuantificar para cada casilla dentro del espacio:

1. El peso relativo de la casilla (información típicamente proporcionada por la empresa en cuanto está vinculada a la propia sensibilidad del mercado).
2. El valor de la información contenida según una métrica definida.
3. El coste requerido para obtener la información.

Las posibles combinaciones ponderadas al escenario informativo de la empresa y de su desarrollo futuro.

Por supuesto, todos estos parámetros tienen una fuerte dependencia temporal por lo cual el proceso de definición de la estrategia es una evolución continua y el factor del tiempo es parte del hecho de que las empresas no comienzan normalmente de nada; habitualmente existe ya un patrimonio organizativo y cultural en las áreas de satisfacción de la necesidad (comercio y producción). El factor crítico de la estrategia de venta se convierte entonces en la variación del espacio de fase que es la compensación entre los costes y los resultados en la mejora y el mantenimiento del valor actual de cada celda.

Operativamente si parte de cuantificar la importación de cuatro procesos de nivel alto y luego pasa a cuantificar celdas individuales cada uno de los cuales debe estimar el valor actual, el coste de mantenimiento y de mejora.

Puede ser interesante comparar la estructura de este análisis a la situación del proyecto de desarrollo de software. La fase de recogida y de racionalización de las necesidades es un aspecto bien conocido en los proyectos de software mientras que no está muy formalizada en contextos de fabricación, en cambio la fase de transmisión de la capacidad para transmitir la necesidad está sin duda mucho más desarrollada.

PROCESO DE VENTAS

Hablamos de retail como todos los procesos que satisfacen la necesidad de disponibilidad de un artículo en un contexto espacio temporal a la dimensión cliente. La diferencia respecto a los capítulos anteriores es que:

1. El actor del proceso, el minorista, no tiene planes para satisfacer la necesidad del cliente a partir del diseño de la solución, pero trata de elegir y poner a disposición la solución presente en los mercados que, en su opinión, mejor satisface las peticiones de los clientes (metodología de negocio).
2. El mercado es más directo en la relación con el proveedor de servicio (el minorista), a menudo de una dimensión más pequeña.

De hecho, el minorista o retail tiene que ser visto desde tres puntos de vista complementarios:

1. El cliente: en este caso el minorista es simplemente la aplicación del proceso de disponibilidad en una forma local; las exigencias son aquello definido y el proceso de recogida y análisis de datos siguen siendo los mismos que para la industria.

2. El minorista: en este caso las necesidades se convierten tanto en satisfacer al cliente (principal) como de relacionarse con el contexto (necesidades de estructura).
3. El contexto: es decir, como se integran los minoristas en la sociedad visto por un lado como fenómeno (centro comercial, publicidad) y por el otro como estructura (aspectos fiscales y legislativos).

Desde la perspectiva de un cliente el minorista es un proceso de servicio con explicación directa en el momento de la venta. El proceso total puede ser dividido, desde un punto de vista temporal, en tres fases:

- Antes de la venta.
- La venta.
- Después de la venta.

(preparación, ejecución, conclusión)

ANALISIS DEL PROCESO: PUNTO DE VISTA DEL CLIENTE DE ROPA

Sabemos que en general las necesidades del cliente son:

- Producto
  - o Estética, alineación a la moda.
  - o Fiabilidad.
  - o Disponibilidad.
- Subjetividad
  - o Capacidad de respuesta, flexibilidad.
- Tranquilidad (competencia, cortesía, credibilidad)

- Empatía.
- Social
  - Pertenencia al grupo.
  - Distinción en el grupo.

Y que para cada requisito el proceso directo proporciona:

- Recogida de datos: organizar la recogida de datos puede servir en los diferentes niveles y aspectos.
- Análisis y racionalización: simplificar el método y comportamiento para mejorar la eficiencia y la eficacia.
- Satisfacción: generar la disponibilidad bien/sensación objeto de la solicitud.
- Comunicación: capacidad de conocer la posibilidad de satisfacer sus problemas.

La solución de las necesidades pasa a través de las cuatro fases ya descritas. Desde un punto de vista del mercado la elección del valor relativo de cada requisito corresponde al posicionamiento de la empresa de servicio en el ámbito de la oferta.

ANALISIS DEL PROCESO: PUNTO DE VISTA DEL MINORISTA DE MODA

Desde un punto de vista del minorista la demanda de fondo es: "¿Por qué el cliente viene a mí y cómo puedo satisfacerlo?" o "¿Cuáles son las exigencias del cliente y cómo pueden ser estas satisfechas?"

En el caso de la venta al por menor existe contacto directo no con el cliente sino con un cliente especifico, esto significa que la exigencia de tipo subjetivo y social viene remarcada respecto a la situación anónima. A menudo el mundo vive su realidad emocional local asociada a contextos humanos definidos (por ejemplo, multimarca, temporada), a veces su contexto humano es un poco difuso (por ejemplo, cadenas de una sola marca o grandes cadenas de distribución). La evaluación de estos requisitos explica la salida de un proveedor, por lo general:

- Viene propuesta por el minorista.
- Parte de varias oportunidades; la sensación de un agujero del producto en una cierta plaza (producto), la disponibilidad de espacio, la idea de un nuevo modo de venta (personal), la existencia de una sociedad sin explotar.

Todo ello con el objetivo del equilibrio precio/prestación en los niveles de satisfacción de los diferentes niveles de Maslow.

Para llegar a analizar funcionalmente el sistema minorista partimos de la experiencia actual, agrupando en categorías los procesos elementales.

Los procesos son secuencias de acciones que conducen a satisfacer las necesidades del cliente, del minorista o del contexto. Suponemos que, si el proceso existe en la realidad, debe tener algún significado ya que de lo contrario no existiría. En la práctica, algunos procesos no se realizan de forma explícita o no están hechos para actuar.

Empezamos haciendo una lista de los procesos y observamos su efecto dentro de las exigencias del cliente. Aquí hay que tener cuidado en distinguir entre el valor real al cliente y el valor percibido por parte del cliente. Por ejemplo, sabemos que hay procesos (por ejemplo, la búsqueda de medios financieros) por los que el cliente final no percibe valor; nosotros utilizaremos la clasificación valor percibido en la que se encuentra el cliente.

Metodológicamente todos los procesos deben ser definidos de una forma detallada, óptimo/resumen. En realidad, están adaptados en términos de coste/porcentaje de satisfacción; esto significa que el valor cero de un proceso está en función de:

1. La importancia de la necesidad del cliente que ayuda a la satisfacción (cosa que satisface).
2. El valor percibido por el cliente: la expectativa (lo que se ha satisfecho).

Los procesos se agrupan por macro área; esta es el área que, básicamente, más afecta al proceso individual.

PROCESOS DE LA RELACIÓN SITUACIÓN CLIENTE-EXISTENCIA

La observación de los distintos procesos en la lista, y en el entendimiento de que los requisitos son para los consumidores individuales, para satisfacerlos debo operar en tres niveles (que no deben confundirse con los tres actores de la operación):

- Consumidor individual.

- Grupo de consumidores (clientes de un punto de venta con problemática local, problemas del punto de venta, tendencias locales), es decir, como el gestor del grupo proyecta el servicio.
- Contexto (problemas de carácter fiscal y legal, tendencias globales), es decir, cómo:
  o El gestor de un grupo de negocio proyecta la escenografía.
  o Cómo se resuelven los problemas a nivel tienda.

El sistema retail no está, por lo tanto, compuesto solamente de los procesos directos de las exigencias de los clientes sino también debe ser capaz de resolver problemas en otros niveles.

EL ROL DEL SOPORTE DEL RETAIL: EL PROCESO INFORMATIVO

Aquí se habla explícitamente de soporte y no de software ya que como se puede ver en la lista de procesos elementarles, el contenido de los procesos no siempre es de tipo informativo "clásico" sino a menudo tiene que ver con contenido físico o psicológico.

Hemos visto que en la transición entre las necesidades del consumidor final y las necesidades del intermediario (minorista) surgen nuevas necesidades (de estructura y de contexto) y pueden cambiar los pesos relativos de las diversas necesidades.

Dado que el cliente del soporte es el minorista usted debe entender cuáles son los requisitos que se deben satisfacer y cuanto está dispuesto a pagar para cada nivel.

El esquema general de las exigencias y de la función de venta se transforma en que las necesidades del cliente individual eran ignoradas en el análisis de proceso industrial; las empresas por su naturaleza deben dirigirse a los grupos de clientes ya que sus capacidades para resolver necesidades pasan a través del producto y de la sociedad, pero no a través de la subjetividad. Sin embargo, este aspecto si lo da la venta minorista.

En este punto, al ser metodológicamente exacto, es necesario considerar todos los aspectos. Para no repetir los puntos relacionados con el grupo-cliente, recogida y análisis de datos que ya han sido analizados en el área industrial obviaremos hablar de ellos de nuevo.

PROCESO DE CLIENTE

Las necesidades de tipo individual, por su naturaleza, van a estar en el nivel personal y, por lo tanto, con la aplicación improvisada de métodos generales que definan la estrategia comercial de la empresa.

El contenido del proceso es de tipo informativo en el sentido amplio y se encuentra actualmente poco formalizado; hablamos de un campo poco explorado.

Área producto – recogida, análisis y satisfacción

Estamos tratando con el proceso del cliente individual en una situación específica de venta. La información. por lo tanto. es muy específica.

- Qué: estamos analizando la relación entre el cliente individual y la pieza de ropa que está evaluando.
- Cómo: surge el problema de cuáles son los parámetros para decidir "¿Qué modelo es el que mejor le va al cliente?" o bien "¿Estará satisfecho el cliente con esta prenda?".
- Quien: los actores involucrados son específicamente el cliente y el vendedor.
- Dónde: típicamente el proceso se lleva a cabo en la tienda.
- Cuándo: en el momento de la disponibilidad de la prenda y del cliente.
- Cuánto: ya que es imposible satisfacer las necesidades del cliente debe ser capaz de medir el efecto: algo muy difícil.
- Por qué: estrategia de empresa.

Con el fin de responder correctamente a la necesidad, la herramienta informativa puede ser la formación del vendedor en los aspectos de la moda y de la adaptabilidad al cliente del producto en cuestión.

Considerando el tiempo (la duración de un fenómeno de compra/venta) y la variabilidad del contexto humano en el proceso (relación vendedor-cliente) resulta muy difícil, o más bien realista, pensar en herramientas informativas de tipo formal y directo; es mejor desarrollar las habilidades específicas del vendedor de modo que pueda adaptarse de la mejor manera a la situación.

La medición métrica es de tipo indirecto en la evaluación de las ventas comprometidas en todas las categorías de los productos.

Área producto – comunicación

Se trata de entender la especificación del cliente que tiene la capacidad de soportarlo en la selección del producto, el vehículo es la sabiduría de los vendedores en la tienda que conocen el producto y están preparados para adaptarse al cliente.

- Qué: declaración de la profesionalidad del vendedor del producto.
- Cómo: debe ser específica en la actitud externa y en el contenido.
- Quien: quien comunica puede ser el vendedor o el gerente de la tienda.
- Dónde: el fenómeno se limita a la venta, típicamente en el negocio.
- Cuándo: no sólo durante la venta sino cuando un cliente potencial interactúa en el punto de venta.
- Cuánto: medirlo es casi imposible, tal vez sólo a través de entrevistas con el cliente.
- Por qué: para satisfacer al cliente.

En cuanto al soporte informativo, visto que el director principal del proceso es el vendedor, debemos proporcionar que su conocimiento del producto sea especifico (el producto que vende) y externo (productos de la competencia) que sirven para crear y comunicar su profesionalidad.

Área de subjetividad – recogida, análisis y satisfacción

- Qué: estamos hablando de procesos elementales que tienen que ver con la capacidad de respuesta, seguridad y empatía con respecto a un cliente especifico. Una vez más tratándose de procesos extremadamente personales los que se crean, el contexto informativo guarda señales difícilmente codificables sino más bien la metodología de reconocimiento y enfoque en línea con la estrategia de la empresa. En la práctica conviene la recogida y el análisis improvisado básico por parte del vendedor y exigir una solución en línea con ciertas direcciones definidas.
- Cómo: indicación del método de recolección y análisis de datos (actitud el cliente y del vendedor, etc.), formalización del método de respuesta (análisis del comportamiento para el cliente).
- Quien: los sujetos son los vendedores y gerentes de las tiendas en la función de control.
- Dónde: en la relación con sus clientes o potenciales clientes, típicamente en el negocio.
- Cuándo: siempre en la relación con el tercero.
- Cuánto: la métrica podría ser definida a través de un sistema de detección de las actitudes, así como juzgado por el gerente de la tienda.
- Por qué: porque el cliente debe estar a gusto desde el punto de vista humano.

Soporte informativo: el vendedor debe conocer el método para inspirar empatía, para saber clasificar al cliente y ajustar el propio comportamiento. La información se refiere al contexto sociológico del modo de la venta. La información externa puede estar relacionada con las tendencias sociales y las consiguientes adaptaciones.

Área subjetiva – comunicación

- Qué: estamos tratando de revelar el hecho de que cada cliente se siente a gusto en su individualidad. Es un fenómeno muy personal y principalmente vinculado a la empatía del personal de venta, al formato de punto de venta y, en general, la actitud propuesta.
- Cómo: creo que sólo el santo-seña es un vehículo para este tipo de comunicación
- Quien: el comunicador puede ser el vendedor o el gerente de la tienda.
- Dónde: el fenómeno se limita al área de venta, típicamente al negocio.
- Cuándo: no sólo durante la venta, sino cada vez que un cliente potencial interactúa en el punto de venta.
- Cuánto: medirlo es casi imposible, tal vez sólo a través de entrevistas a los clientes.
- Por qué: porque satisface al cliente.

La información necesaria en esta etapa se refiere, por un lado, a cuáles son las expectativas de los clientes sobre el tema y, del otro, a los instrumentos utilizados que satisfacen esta necesidad.

Área social – recogida, análisis y satisfacción

- Qué: en esta área el cliente especifico se siente acogido y reconocido como un individuo.
- Cómo: todo comienza desde la modalidad de aceptación y de distinción que debe ser guiado por información muy precisa. En el caso este reconocimiento puede ser a través de medios formales (tarjetas de fidelidad) o informales (la memoria del vendedor). En cualquier caso, la satisfacción pasa a través de los procedimientos estándar que pueden ser adaptados en el momento.
- Quien: quien está implicado y el vendedor o, a lo sumo, el gerente de la tienda.
- Dónde: el fenómeno se limita a la venta, típicamente en el negocio.
- Cuándo: no sólo durante la venta, sino cada vez que un cliente potencial interactúa en la tienda.
- Cuánto: un índice podría estar relacionado con el número de visitas de un cliente a un almacén, que no conduce a las ventas reales.
- Por qué: porque gratifica al cliente.

Desde un punto de vista informativo, el primer problema es el reconocimiento del cliente especifico, el verdadero problema es la masificación del reconocimiento que tiende a suavizar el cliente y que encubre una falsa sociabilidad personal falsa. Esto, actualmente, se ha resuelto sólo en los casos de gran lujo donde efectivamente son conocidos o en la venta al por menor (por ejemplo, negocio local) en cuando al reconocimiento y su situación social local. Este es el valor de esta realidad. En otros casos, por razones de privacidad, hay que atenerse a métodos interactivos más suaves, tales como el conocimiento personal apoyándonos en un buen instrumento de CRM de forma retrospectiva para evitar la pérdida del conocimiento de negocio.

Área social – comunicación

- Qué: este se refiere a la divulgación de conocimiento del cliente que será aceptado o mejor reconocido.
- Cómo: podemos pensar en métodos formales de divulgación (nuestra tarjeta de fidelidad es excepcional, etc.) pero en mi opinión es el instrumento del "boca a boca", propio de la tipología del mercado objetivo.
- Quien: quien está implicado y el vendedor o, como máximo, el gerente de la tienda.
- Dónde: no sólo en el negocio sino también en el contexto próximo.
- Cuándo: no sólo durante la venta, sino también en la continuidad de la relación con el cliente.
- Cuánto: un índice podría estar relacionado con el número de contactos en ambas direcciones.
- Por qué: porque agrada al cliente.

La información necesaria para este proceso es el sujeto del enunciado (sea bienvenido), la forma (a través de un mensaje directo o vía mensaje implícito) y el destino que corresponde a la lista del cliente individual.

PROCESO DE GRUPOS

Las exigencias del grupo de clientes son aquellas que hacen referencia al mundo industrial, En cuanto a los procesos de recogida y análisis de datos tranquilamente podemos referirnos a la primera parte del cliente en cuanto se trata de recuperar y clasificar los requisitos de uso de los clientes y el hecho de que, a continuación, se trate de resolver de una manera diferente no cambia la naturaleza de la necesidad.

Área de producto – satisfacción

- Qué: se trata de todos los procesos que afectan a la adquisición y puesta a disposición del producto en toda su evolución temporal, incluyendo el post-venta. De hecho, debemos dividir la disponibilidad de suministro, el almacenamiento en los periodos, la presencia en el punto de venta y soporte después de la venta. En este punto podemos imaginar toda una serie de problemas que van desde el análisis de la oferta de mercado, la problemática temporal asociada al suministro, la existencia de limitaciones de espacio en la exposición mientras se consideran la capacidad de almacenamiento. Se trata del aspecto entero de la industria minorista.
- Cómo: a través del proceso de adquisición, venta y servicio post-venta.
- Cuándo: se trata de un proceso largo que podemos estimar de una duración de unos meses.
- Cuánto: ya que el proceso macro es tan grande el parámetro de medición debe comprender todos sus

aspectos y luego se pueden utilizar la cuenta de resultados del punto de venta y los diferentes subprocesos que tendrán indicadores más específicos.

- Por qué: esto se considera a menudo como la naturaleza del retail, en realidad, es probablemente el proceso principal pero no el único.

Y sin duda el proceso más sentido del retail, la capacidad de conjugar la oferta general y la demanda especifica. Desde un punto de vista informativo requiere un patrimonio, sea formal o informal, enorme para analizarse específicamente (vea apéndice B).

Área de producto – comunicación

- Qué: se trata de decir al grupo de clientes que, en ese lugar y en ese momento encontrarán el producto que quieren. El contenido es entonces la información que podemos transmitir a los clientes.
- Cómo: a través del sistema formal (publicidad, escaparates) e informal (boca a boca) en contextos difusos (realidad social) y los sistemas personales (relaciones públicas) en contextos limitados.
- Quien: quien gestiona el proceso es el comunicador del retail para el área social y el vendedor en la relación especifica.
- Dónde: habíamos visto que se habla de contexto difuso entendiendo la sociedad en general, especialmente en sus lugares de reuniones, y de contexto limitado cuando el proceso se lleva a cabo en el punto de venta.

- Cuándo: la certeza de la satisfacción del producto no está ligada a una sola pieza, la función de la oferta interna para la comunicación debe ser continua también con calibrado estacional.
- Cuánto: sin acceso a la comunicación del producto, es fundamentalmente aleatoria y un parámetro de medición puede atar la cantidad de comunicación (en el primer caso el valor pasado en esta) para el cambio en las ventas del producto.
- Por qué: para simplificar la resolución de la necesidad del cliente.

Es un aspecto que vale la pena analizar por separado.

Área subjetiva – satisfacción

- Qué: dentro de este grupo podemos identificar subgrupos que se relacionan con el gerente (habilidades técnicas, actitud, seguimiento), la lógica de la relación persona-entorno (cursos, presentaciones), persona-sociedad (publicidad, escaparate). Se trata esencialmente de como el minorista planea su relación con el cliente genérico.
- Cómo: la satisfacción pasa por diferentes herramientas, en este caso hay que bajar nivel a nivel de subgrupo.
  - o Gerente: formación sobre productos y metodologías de informes generales.
  - o Persona-entorno: formación sobre productos y metodologías especiales.
  - o Persona-sociedad: el diseño interior, visual merchandising y publicidad.

- Quien: la persona en cuestión es el retailer en su complejo comercial en el sentido más amplio del sustrato humano.
- Dónde: el proceso de satisfacción subjetiva típicamente viene del punto de venta, pero, de nuevo, hay que descender al nivel inferior.
- Cuándo: la satisfacción subjetiva no puede vincularse al momento de la venta sola, sino que, abarca toda la relación retailer-cliente, esto es parte del proyecto sobre la relación con el cliente.
- Cuánto: medir la satisfacción subjetiva puede hacerse mediante parámetros indirectos.
- Por qué: para satisfacer el ego del cliente.

La información de apoyo de este macro proceso es extremadamente variada y necesita tratamiento por separado.

Área subjetividad – comunicación

- Qué: el tema es como transmitir su propia capacidad para cumplir con la subjetividad de cada cliente genérico.
- Cómo: para cada subgrupo.
- Gestor: en campaña su conocimiento de producto y su metodología general de recogida (ejemplo, el vendedor experto y amable).
- Persona-entorno: comunicación interna (un ambiente amigable) y merchandising de producto (un producto agradable).
- Persona-sociedad: estudio de la comercialización externa, visual (un formato reconocido).

- Quien: dependiendo de los subgrupos: el vendedor como imagen.
- Dónde: todo el mundo puede encontrar al cliente genérico y en todas partes, pero especialmente cerca de la tienda; tomar ventaja de la proximidad geográfica.
- Cuándo: no queremos comunicar, excepto en casos puntuales, que en un producto especial la satisfacción general es nuestro objetivo; este debe ser un trabajo continuo de difusión, tal vez sobre temas específicos.
- Cuánto; podemos medir nuestra capacidad de atraer a los clientes con un contador de visitas en el punto de venta.
- Por qué: para cerrar el círculo de la solución a la exigencia o necesidad.

El patrimonio informativo necesario debe ser analizado para subgrupos y en detalle.

Área social – satisfacción

Una diferencia del área social perseguida por las empresas industriales en el retail es el aspecto de grupos pequeños de clientes ya sea en el sentido geográfico (clientes de una cierta zona) o social (clientes de un cierto tipo, las grandes cadenas minoristas).

- Qué: estamos tratando de crear un sentimiento de pertenencia al grupo de clientes que están satisfechos de usar el negocio, no sólo en la compra.
- Cómo: ese sentimiento puede ser estimulado mediante opciones publicas u opacas.

- Quien: es una función del "relaciones publicas" que crea y mantiene el enlace con el grupo.
- Dónde: el entorno está relacionado con la lógica comercial, de nuevo el mercado.
- Cuándo: como habíamos visto para el área industrial, el contexto temporal es bastante largo en cuando que afecta a personas diferentes con gustos diferentes.
- Cuánto: un parámetro de medición de la satisfacción social puede ser el porcentaje de respuesta a una interacción o el número de visitas dividido por tipología de la venta retail.
- Por qué: para mejorar la imagen de la marca y crear un reconocimiento social especifico.

Para entender esta área analizamos:

1. El razonamiento cliente:
   a. Qué me distingue del contexto.
   b. Cuál es el coste para entrar en este grupo.
   c. Cuáles son las señas de identidad del grupo, que es testimonial.
   d. Cómo puedo evitar, en cuanto a pertenencia, sentirme socialmente uniformado.
2. El razonamiento minorista:
   a. Cuál es el coste para crear el grupo.
   b. Cuál es el coste de mantener el grupo.
   c. Cuál es el ingreso en términos de mantenimiento del valor de compra de los clientes existentes.
   d. En general; cual es el coste/beneficio.

Las respuestas pasan por dos aspectos:

1. Interno: la creación de lugares y momentos de creación del grupo, como por ejemplo las barras en las tiendas, los momentos happy hours, y la definición de las referencias del arquetipo de grupo como testimonio que define la caracterización del grupo.
2. Externo: la definición del símbolo de pertenencia de los miembros, por ejemplo, las bolsas de compra o la invitación a eventos.

Desde el punto de vista informativo podemos relacionar datos parciales, tales como:

El índice de retención del cliente (el número medio de adquisiciones durante el periodo).

El índice de adquisición de nuevos clientes.

La inversión en la operación.

Los datos, sin embargo, son muy difíciles de obtener ya que los parámetros antes mencionados también dependen de otros parámetros (calidad del producto) por lo que es difícil separar las variables individualmente.

Área social – comunicación

A diferencia de la comunicación de la industria basada en su producto, el comercio minorista vende esencialmente la idea de excelencia de un servicio, de una capacidad de solución. No tiene sentido, por lo tanto, centrarse en las comunicaciones especializadas sino más bien institucionales.

- Qué: mi grupo de clientes, mi objetivo ideal, es decir, que seamos una gran comunidad.
- Cómo: debo pasar el mensaje y la elección de los medios que se relacionan con el objetivo, el mercado de referencia en su análisis.
- Quien: quien actúa es el PR, el receptor es el cliente.
- Dónde: la comunicación debe llegar a los clientes actuales y potenciales y asociada al mercado geográfico de referencia.
- Cuándo: no basta contar una vez, hacerlo una sola vez sería perjudicial: el cliente pregunta por ciertos gastos. Hacer esto regularmente supera la barrera de entrada y crea el apego.
- Cuánto: subdividir el cliente en adquisición y prospecto en cuanto es necesario mantener un nivel de contacto con los enlaces, mientras que en el segundo hay que romper las barreras a la entrada de competidores que buscan construir su comunidad. En el primer parámetro podría ser la tasa de retención como un porcentaje de los clientes retenidos, en el segundo caso la tasa de los nuevos clientes.
- Por qué: para completar el cuadro de la relación con el cliente ideal.

La información necesaria sobre la estructura del grupo al que desea orientarse (el cliente objetivo) y el tiempo/modo de comunicarse:

- Sus necesidades de comunicación: se trata de requisitos expresados rara vez de manera explícita pero más sentido. Pensar en una tienda que quiere vender ropa para adolescentes y pensar en la inmensa demanda de socialización que viene de ese grupo de adolescentes. El hecho de poder reconocer el producto incluso en el contexto de la adquisición crearía un enorme potencial que actualmente existe sólo en el conjunto de un centro comercial.

- Mis propuestas relativas a la creación de un contexto cuya comunicación, con el límite del coste beneficio, permita la correcta evolución económica del negocio de la empresa comercial, porque conseguir un lugar donde la gente se detiene, pero no compra no tiene una vida muy larga.

Desde un punto de vista informativo, el problema es cuantificar la relación entre el aspecto social y la divulgación de su capacidad de satisfacer y el rendimiento económico.

PROCESO DE CONTEXTO

El proceso de contexto involucra todas aquellas operaciones que no tienen relación directa con el cliente y, por lo tanto, no tienen valor reconocido, pero que en la práctica son necesarios para ejecutar una estructura de ventas. Los procesos que se definen de tipo fiscal tienen que ver con imposiciones externas y por lo tanto son obligatorios, mientras que los organizativos son el resultado de un análisis de las mejores prácticas en la industria.

Por su propia naturaleza de proceso de servicio bien conocido, fueron los primeros en ser afrontados desde un punto de vista informativo y con las herramientas mejor apoyadas con los métodos actuales.

No es el propósito de este libro entrar en detalles de estas etapas ya que existe una literatura y una práctica bien conocida.

Sólo deseo hacer hincapié, como se acaba de mencionar, que esos procesos no generan valor percibido por el cliente y por lo tanto deben ser vistos como factores de coste puros; por lo tanto, la tarea del sistema de información debe ser poder resolver estas necesidades de la mejor manera posible y al menor coste posible. Esto puede significar la adopción de metodologías estándar contra el problema estructural común, difusión que puede pasar a través de metodologías de formación o de consulta en función de la dimensión del problema en el caso específico (de mayor a menor).

RETAIL: LA ARQUITECTURA DE LA SOLUCIÓN

Como vimos en la primera parte relativa a la industria de la venta al por menor podemos tratar de delinear el conjunto de macro procesos como una referencia a la estrategia de información corporativa.

La matriz de exigencias-función de venta convierte el espacio de la fase del retail en un cuadro que tiene su valor y su coste, de ahí el posicionamiento del proyecto de la empresa.

En el caso de algunas celdas el valor del coste debe ser analizado a un nivel inferior, ya que es la entrada de situaciones muy articuladas (por ejemplo, satisfacción del grupo-producto). Este análisis en subprocesos nos permite estimar el coste total como la suma de costes, mientras que el valor se mantiene en un nivel superior como una cuestión de comparación con otras celdas.

Si consideramos ahora el valor verdadero se entiende como producto de importancia de la necesidad y de la expectativa de la necesidad en el canal de ventas en el que operamos.

Valor de canal

Cuando un minorista, una vez que define el canal en el que quiere operar, tiene un diagrama del valor de las necesidades de cada cliente, el problema del minorista se convierte en lo que cuesta satisfacer esta necesidad.

Hemos visto como cada una de estas celdas es llenada por medio de una serie de procesos elementales cada uno de los cuales tendrá su propio porcentaje de incidencia en el proceso final. Esto nos permite construir el coste de la solución como la suma de los costes de los micro procesos singulares.

Dado que muchos de estos micro procesos tienen un contenido informativo el problema de la computación se convierte entonces en la manera de reducir el coste de estos micro procesos a partir de los que tienen un mayor valor y, por lo tanto, alcanzan más rápidamente la relación coste/valor que hace que sean interesantes para la operación de análisis explícito.

CONCLUSIÓN

Hasta ahora los sistemas han desarrollado una cobertura ligada a las demandas inmediatas o patrones individuales de exigencia.

Tratando de analizar el entorno informativo resulta que ciertas celdas tienen características (tiempo, número de información general, algoritmos, etc.) en donde se vuelve impracticable la aplicación de modelos formales definitivos y conviene afrontar el problema en términos humanos (heurística) mediante la formación y la organización.

Sin embargo, hay situaciones intermedias que hasta ahora han sido pasadas por alto o no debidamente encuadradas y en las que se debe hacer un trabajo más notable teniendo en cuenta también el proceso de los aspectos técnicos.

En particular, todavía hay muchos modelos de celdas que no están cubiertos y sistemas de información relacionados, en las cuales usted debe reconocer nuevos puntos de vista que se están logrando gracias a los avances de la tecnología.

En concreto, toda la parte de la detección y análisis de los procesos tienen que ver con la subjetividad y la sociabilidad y a la intuición del emprendedor y del minorista. En estas áreas, se deduce que los instrumentos de satisfacción se basan en datos básicos y que existe un alto riesgo de errores o de ineficiencia.

Por supuesto el peso relativo de las distintas celdas varía en función de la categoría que estamos considerando por lo que antes de entrar en el detalle del análisis sirve también hacerlo por medio de encuestas estadísticas tales como las efectuadas para definir la importancia de las exigencias.

En cuanto al producto, las áreas a tener en consideración deben ser las relacionadas con la recogida del dato y análisis de las exigencias. Esto puede ser un campo increíblemente profesional desde el punto de vista cultural y económico. Actualmente, el trabajo hecho en este campo se basa esencialmente en proyecciones de ventas que se extrapolan a partir de datos recogidos, en los que el resultado depende de la amplitud de la muestra recogida y de las metodologías de proyección. La necesidad que detectamos es modificar la metodología de la recogida para interceptar el fenómeno en la sociedad genérica y no en si tenemos en cuenta el mero análisis informático; dejando de lado los aspectos formativos o de información genérica, tenemos que el esquema anterior se convierte en donde las celdas marcadas son las áreas en las que puede haber más avances en el desarrollo de la gestión de la información.

APENDICE A

El espacio de fase para los distintos procesos.

Como un ejemplo tratamos de delinear las celdas para macro procesos generales e industriales, separando lo no significativo y para los estados iniciales del proceso individual.

Para el proceso la capacidad de percibir la exigencia.

Capacidad para racionalizar la necesidad.

Capacidad para satisfacer la necesidad.

Capacidad de transmitir la capacidad para satisfacer la necesidad.

APENDICE B

Para el cliente hay proyectos generales (por ejemplo, análisis del mercado de ventas, de adquisición) y problemas más específicos (por ejemplo, individualización, de recorridos emocionales) por lo que algunas áreas son más estandarizadas y otras menos. Recordamos el discurso relativo a una exigencia considerada fundamentalmente en el entorno minorista.

Proceso de grupo: Área producto – satisfacción

Hablamos de aquellos procesos que implican la adquisición y puesta a disposición del producto a lo largo de la evolución temporal, incluyendo el post-venta.

En este macro proceso podemos identificar algunos subgrupos de procesos elementales:

- Análisis de la oferta de mercado.
- Gestión de la oferta.
- Gestión de los almacenes.
- Presencia en el punto de venta.
- Soporte post-venta.

Suponiendo el análisis de la necesidad, que es lo que quiere el grupo de clientes una vez que fue detectado y analizado en los procesos anteriores, debe ahora pasarse a utilizar esa información.

Análisis de la oferta de mercado

En este paso se compara lo que existe en el mercado con lo que pensamos proveer a nuestro cliente. Típicamente, esta etapa tiene lugar en dos fases distintas:

1. Análisis de catálogo.
2. Análisis visualmente.

Por simplicidad vamos a analizar el primer proceso en el caso del canal multi marca que, probablemente, sea el más complejo.

Análisis de catálogo

- Qué: se trata de encontrar en el mercado global al cual hemos accedido (primer vínculo del acceso) el producto que más se acerca al nuestro en términos de:
  o Naturaleza (tipología).
  o Características tecnológicas explicitas (composición, tratamiento, etc.).
  o Características estéticas y moda declarados por el proveedor.
  o Gama de precios.
  o Características del fabricante.
- Cómo: típicamente este proceso venia resuelto mediante canales tales como la prensa especializada y el apoyo de los intermediarios (agentes).

- Cuándo: la investigación tiende a coincidir con el periodo de presentación de nuevos productos. Naturalmente esto crea rigidez temporal en cuanto que todos los aspectos prácticos de la compra impiden la selección y compra de los productos en la misma campaña. Esto tiende a crear una barrera de entrada a nuevos competidores y generar una posición ventajosa para los fabricantes.
- Dónde: como se ha citado, la investigación utiliza instrumentos típicamente limitados a un punto de vista geográfico.
- Quien: quien efectúa este análisis es el agente de compras que, en el caso de las grandes organizaciones, es un especialista (buyer) mientras que en la realidad más pequeña es el propio empresario.
- Cuánto: en el contexto actual la dimensión de este proceso está ligado a la metodología de trabajo que es extremadamente lenta. La métrica utilizada podría tener que ver con el número de proveedores analizados.
- Por qué: el objetivo es mejorar el conocimiento del panorama de la oferta.

Análisis visualmente

- Qué: en esta fase el minorista controla la veracidad de la información en la primera distancia y detecta las señales no codificables electrónicamente (por ejemplo, si son prendas fáciles de vestir, colores, etc.).
- Cómo: el proceso viene con la presencia física. esencialmente en presentaciones oficiales. todo ello con la presencia del producto real.

- Cuándo: con respecto al tiempo de presencia en el mercado y con respecto a cada mercado específico.
- Dónde: como hemos mencionado en lugares dedicados a esto, ya sean ferias, salas de exposición u otros.
- Quien: los actores involucrados son la empresa y el comprador.
- Cuánto: sería muy interesante poder medir la distancia entre la afirmación hecha y la realidad medida visualmente, probablemente deba entrevistar al cliente.
- Por qué: para disminuir el tiempo perdido.

La situación del soporte informativo, en el momento, es inexistente, al menos en mi conocimiento. El objetivo puede ser un sistema de feedback histórico para la operativa del sector.

Gestión de adquisiciones

Esta fase sigue a la de la elección del producto e incluye las operaciones relativas a la orden de suministro. Puede, o no, estar precedido por un proceso de oferta que aquí no tratamos.

- Qué: en este punto se definen las características de la oferta en términos de componentes.
  - Físico
    - Artículos seleccionados y cantidades relativas.
    - Fecha y lugar de entrega.
    - Normas de distribución (embalaje, etiquetado, etc.).
  - Inmaterial

- Condiciones de pago, rendimiento, transporte, etc.
- Calidad (correspondencia con las nuestras o estándares).
- Información (códigos, etc.).

- Cómo: los modos de operativa de la orden (copia comisión, tarjeta, transmisión electrónica).
- Cuándo: los pedidos a proveedores se pueden hacer en diferentes momentos dependiendo de las prácticas de mercado: en ferias, en show room, en salas y otras formas compatibles con la estructura industrial del proveedor.
- Dónde: como en el punto precedente depende de la tipología del producto y de la organización de los proveedores.
- Quien: las entidades que participan son el cliente, el proveedor y posibles terceros actores como el agente y otros servicios de la empresa que media en el aspecto operativo.
- Cuánto: la dimensión del proceso puede no ser directamente proporcional a la cantidad total de los bienes comprados sino más bien al número de afectados, piense en una tienda que compra algunas piezas de muchos artículos.
- Por qué: para definir un punto fijo de referencia, tanto física como informativa.

En cuanto a los sistemas de información funcionan como herramientas de apoyo y tiene una gran cultura sucesiva.

Gestión de almacenamiento

En esta etapa, después de haber elegido y ordenado las muestras que pensamos van a resolver la exigencia de nuestro cliente, hay que mantener bajo control la posición física del producto:

- Qué: análisis de las acciones que pueden ocurrir: en la empresa, con el envío o en la tienda.
- Cómo: con el fin de gestionar adecuadamente las acciones en todos los lugares posibles debo conocer la situación en el momento (almacenamiento) y en el futuro. Así que estamos hablando no sólo de un sistema de detección estática, sino también de predicción temporal.
- Cuándo: el problema del conocimiento es un problema válido siempre que puede tener periodos más complicados (stock en todos los puntos) y más sencillos (almacenamiento en una sola sede).
- Dónde: los que trabajan, normalmente, sólo en la sede de la toma de decisiones; los datos son de la competencia de todas las sedes operativas implicadas.
- Quien: hay un gestor que utiliza los datos y varias personas que los proporcionan (gestores de depósito).
- Cuánto: es esencial la precisión e indispensable la predicción.
- Por qué: el punto de venta no es un sector aparte, pero se incluye en la cadena de satisfacción.

En la práctica debemos llegar a tener un sistema de información que permita el conocimiento de los datos en todos los contextos implicados (empresas, logística, transportistas y tiendas); necesita stock y fiabilidad en la previsión. Actualmente no estamos todavía en estos niveles.

Presencia en el punto de venta

Estamos hablando de la disponibilidad de la mercancía para garantizar que el cliente pueda aumentar las posibilidades de encontrar lo que entra en su ámbito de búsqueda:

- Qué: conociendo el inventario tenemos el problema del equilibrio del espacio-mercancía y de la definición de la prioridad de exposición (recorrido o superficie).
- Cómo: las decisiones que tendremos que tomar deben ligar las exigencias de los clientes con las existencias teniendo en cuenta el hecho de que debemos ser capaces de gestionar para encontrar deficiencias que poder satisfacer en un futuro próximo.
- Cuándo: la operación de espacio-producto está vinculada a la disponibilidad del producto (los espacios normalmente se fijan a corto plazo) y a la frecuencia de visitas de los clientes. Normalmente, se cree que pasadas de dos a tres semanas es el momento adecuado para la reorganización de toda la tienda y todos los días para un puesto.
- Dónde: el aspecto físico se define por el lugar de ocurrencia del proceso de venta.
- Quien: típicamente es una labor del "visual merchandiser", en realidad en los negocios pequeños el minorista es el experto.

- Cuánto: las grandes cadenas comerciales han estudiado durante mucho tiempo el impacto de la disposición en las ventas.
- Por qué: es indudable la importancia de una buena exposición para ayudar a los clientes a localizar lo que buscan.

Desde un punto de vista informativo los datos necesarios están en relación con la presencia (actuales y futuros) del producto, el tipo de cliente, su propensión a regresar y la valoración local de lo apetecible del producto.

Soporte post venta

La satisfacción del cliente es completa si podemos gestionar bien lo que ocurre después de la venta. El post venta tiene dos componentes básicos: la gestión de reclamaciones y la gestión de seguimiento.

Gestión de reclamaciones

- Qué: se trata de afrontar los problemas típicos a la calidad de las prendas que no cumplen con las normas establecidas y declaradas.
- Cómo: la gestión se explica en el rendimiento de la tienda de la pieza defectuosa y la gestión de la sustitución con otra prenda análoga y el reembolso oportuno.
- Cuándo: el momento de esta parte se define por ley y se caracteriza por tener normalmente una duración pequeña (días, semanas).

- Dónde: en el comercio minorista, normalmente, el proceso se lleva a cabo en un punto de venta.
- Quien: el interesado es el cliente, típicamente el minorista, que a su vez interactúa con el fabricante.
- Cuánto: este fenómeno es una perturbación del buen funcionamiento y, por lo tanto, debe ser lo más corto posible.
- Por qué: porque el mundo no es perfecto, la gestión de las excepciones debe ser prevista para poder proporcionar la mejor solución.

Gestión del seguimiento

- Qué: usar y definir el nuevo estándar que debemos seguir.
- Cómo: en relación con el seguimiento lo que nos interesa es la percepción de la correspondencia entre la exigencia y la elección hecha después de un cierto periodo de tiempo y no sólo en el momento de la venta.
- Dónde: el problema es que el cliente, normalmente, no vuelve a darnos feedback así que tenemos que crear esa ocasión, normalmente en el punto de venta
- Quien: quien tiene la información es el cliente y quien la puede captar es el minorista.
- Cuánto: al menos con significancia estadística.
- Por qué: para obtener mejoras en el proceso futuro.

En cuanto al patrimonio informativo, la gestión de las reclamaciones es típicamente de consumo y, por lo tanto, requiere sistemas operativos y de control, el seguimiento tiene valor predictivo y, por lo tanto, requiere de instrumentos de financiación y analíticos.

BIBLIOGRAFÍA

- Davenport, T.H. & ShortJ.E. "The new industrial engineering information technology and business process redesign" Sloan managment Review, (1990 summer) pp 11-27
- Dabholkar P A, Thorpe JO, Rentz J O, (1996) "A measure of service quality for retail store: scale development and validation" Journal of the Academy of Marketing Science, 24 (1), pp 3-16
- Espinosa J H "Changes in Style and chenges in Fashion" MIT Media Lab
- Maslow A, Motivation and Personality, 1954
- Miotto F, "I sistema informativi in azienda" Franco Angeli Editore 2003
- Oliver R, "Measurement and evaluation of satisfaction processes in retail settings" Journal of retailing 57(3), pp25-48
- Parasumaran A, Zeithaml V A, Berry L L, "A conceptual model of service quality and its implication for future research"; Journal of marketing 49 (4), pp 41-50

EDITORIAL

IT Campus Academy es una gran comunidad de profesionales con amplia experiencia en el sector informático, en sus diversos niveles como programación, redes, consultoría, ingeniería informática, consultoría empresarial, marketing online, redes sociales y más temáticas envueltas en las nuevas tecnologías.

En IT Campus Academy los diversos profesionales de esta comunidad publicitan los libros que publican en las diversas áreas sobre la tecnología informática.

IT Campus Academy se enorgullece en poder dar a conocer a todos los lectores y estudiantes de informática a nuestros prestigiosos profesionales que, mediante sus obras literarias, podrán ayudar a nuestros lectores a mejorar profesionalmente en sus respectivas áreas del ámbito informático.

El Objetivo Principal de IT Campus Academy es promover el conocimiento entre los profesionales de las nuevas tecnologías al precio más reducido del mercado.